초등학교 선생님이 함께 모여 쓴
세계사 이야기

초등학교 선생님이 함께 모여 쓴
세계사 이야기

2005년 6월 10일 초판 1쇄 발행
2014년 12월 24일 초판 14쇄 발행

지은이 | 초등역사교사모임 **그린이** | 민재회 **펴낸이** | 구성모
마케팅 | 조미영·최명선
펴낸곳 | 늘푸른아이들 **주소** | 서울특별시 강남구 삼성동 101-4
전화 | (02)545-9915, 9916(영업부)·(02)543-9574(편집부) **팩스** | (02)548-9566
E-mail | greenibook@naver.com
출판등록 | 2002년 9월 5일 제16-2804호 **인쇄** | 신화프린팅
ⓒ2005 늘푸른아이들

ISBN 978-89-90406-50-7 74900
ISBN 978-89-90406-52-1(세트)

※ 잘못된 책은 바꾸어 드립니다.

늘푸른 지혜창고 ❹ 어린이가 꼭 알아야 할 역사 이야기

 초등학교 선생님이 함께 모여 쓴

세계사 이야기

초등역사교사모임 지음 | 민재회 그림

늘푸른아이들

초등학교 선생님이 함께 모여 쓴 *세계사 이야기* – 머리말

여러분의 꿈을 키워 줄 세계 역사 공부!

우리가 사는 세상은 참 넓습니다. 좁게는 우리 마을과 우리 나라, 그리고 넓게는 이웃 나라와 세계!

그러나 우리는 참 '좁게' 살고 있습니다. 우리가 지금까지 밟은 땅이라고는 우리 마을과 학교와 유명한 관광지 몇 곳뿐이니까요. 그리고 어쩌면 단 한 번도 세계지도를 펼쳐 놓고,

"나는 이 세계 곳곳을 돌아볼 거야!" 라던지,

"나는 이 세상 나라 사람들 모두가 기억하는 그런 사람이

될 거야!" 라고 외쳐 본 적이 없을 테니까요.

그래서 우리는 꿈이 없는지도 모릅니다. 선생님이 되겠다는

아이도 있고, 의사가 되겠다는 아이도 있지만,

"선생님이 되어서 온 세계에 못 배운 아이들을 가르치고 싶어요."

라고 말하거나 혹은, "의사가 되어서 슈바이처 박사처럼 세계를 누비며 아픈 사람들을 고쳐 주고 싶어요."라고 말하는 사람은 없거든요. 그냥 우리 학교의 선생님, 우리 마을의 의사 선생님이 되고 싶은가요?

크게 눈을 뜨고 멀리 바라보세요. 이제부터는 우리 나라가 아니라 세계를 돌아보고, 더 큰 꿈을 가져 봐요.

〈초등학교 선생님이 함께 모여 쓴 세계사 이야기〉는 우리의 세계관을 한층 더 키워 주고, 멀리 내다볼 수 있도록 도와 줄 거예요. 또 이 책은 보다 넓은 세상을 이해하고, 그 넓은 세계를 우리 눈앞에 펼쳐 놓을 거고요.

세계의 역사는 이제 남의 나라 이야기가 아닌 우리 주위의 이야기랍니다. 왜냐하면 우리는 그 세계 속에서 꿈을 펼쳐 나가야 할 테니까요.

-초등역사교사모임-

한대규 선생님(도당초등학교)·조희정 선생님(북원초등학교)
김영지 선생님(정평초등학교)·최선희 선생님(매화초등학교)
이정미 선생님(포남초등학교)

초등학교 선생님이 함께 모여 쓴 *세계사 이야기* - 차례

선생님과 역사 읽기-역사, 알고 시작해야죠

028 전진하라, 헬라스의 아들들아!

042 저기요, 선생님! 이런 게 궁금해요
폴리스는 무엇을 말하는 것인가요?
스파르타인들은 말 많은 걸 싫어해요
마라톤 경주의 거리는 어떻게 정해졌죠?
올림픽은 왜 4년에 한 번 열리죠?
민주주의의 아버지 페리클레스
말 잘 하는 거인 소크라테스
어떤 사람을 소피스트라고 하나요?
아테네와 스파르타가 격돌했어요! 펠로폰네소스 전쟁
서양 문화의 꽃, 그리스 문화를 알고 싶어요

048 위대한 정복자 알렉산더 대왕

058 저기요, 선생님! 이런 게 궁금해요
신비의 왕국 바빌로니아-함무라비와 인류 최초의 법전
네부카드네자르 왕이 만든 공중정원
하늘나라로 오르는 탑

060 석가모니의 탄생

072 저기요, 선생님! 이런 게 궁금해요
불교는 어떻게 시작되었을까요?
고타마 싯다르타는 자비로운 분이었어요
동양 문명의 발상지, 인더스 문명을 알고 싶어요
아리아족의 생활을 알 수 있게 하는 〈베다〉
사람들을 네 가지 분류로 나눈 법, 카스트 제도

076 포에니 전쟁

086 저기요, 선생님! 이런 게 궁금해요
로마는 어떻게 시작됐을까요?
로마의 지도자가 두 사람인 이유가 뭐죠?
"모든 길이 로마로 통한다."는 말이 무슨 뜻이죠?
상수도 시설이 없던 옛날에는 어떻게 물을 마셨을까요?

090 중국을 통일한 진 시황제

100 저기요, 선생님! 이런 게 궁금해요
중국 최초의 왕조 하나라
중국의 기틀을 닦은 은나라와 주나라
진나라가 중국을 처음으로 통일했대요
유학의 절정기 한나라 시대와 한 무제의 정치
통일국가를 재현한 수와 문화를 크게 발전시킨 당
한족의 나라 송과 이민족의 나라 금

104 로마가 나를 불렀다

116 로마의 첫 번째 황제 아우구스투스

124 저기요, 선생님! 이런 게 궁금해요
판테온 신전 지붕에 구멍이 뚫려 있어요
로마의 원형 극장에서는 연극을 상연했나요?
미친 황제 네로와 '철학자' 황제 마르쿠스 아우렐리우스
8월은 아우구스투스에서, 그럼 다른 달의 이름은 어디서 유래되었죠?

128 위대한 십자가의 승리

134 저기요, 선생님! 이런 게 궁금해요
거대한 로마 제국과 위대한 유대인
예수는 무슨 죄로 죽었지요?
순교자가 뭐죠?
슬픈 이름의 유적 '통곡의 벽'
로마 제국의 분리와 게르만 민족의 등장
로마는 어떻게 멸망했나요?
사라진 도시 폼페이는 어떻게 발견됐나요?
쫓기면서 쳐들어온 정복자들
'잠자지 않는 황제'가 있어요

선생님과 역사 읽기 - 중세 유럽의 수도사와 이슬람의 문화

148 현명한 야만인 황제와 발명가 황제

158 저기요, 선생님! 이런 게 궁금해요
바이킹이 침입했어요
바이킹 선은 어떻게 생겼나요?
〈바이킹의 활약〉 아메리카 대륙을 발견하다!
봉건 영주들은 왜 성을 쌓았을까요?
교황은 어떤 위치에 있었을까요?

선생님과 역사 읽기 - 예의바른 중세의 기사들

166 정복왕 윌리엄

176 예루살렘을 향하여 동쪽으로

186 저기요, 선생님! 이런 게 궁금해요
예루살렘은 얼마나 멀리 떨어져 있을까요?
로빈 후드는 실제 인물일까요?
교회의 문을 닫게 한 존 왕
소년 십자군이여, 배를 타면 큰일나요!
제1회부터 몰락까지의 십자군

190 초원의 황제 칭기즈 칸

202 저기요, 선생님! 이런 게 궁금해요
마르코 폴로의 「동방견문록」
요술 바늘과 마법의 불?
흑사병이 돌았어요

204 백년전쟁의 꽃, 잔 다르크

218 저기요, 선생님! 이런 게 궁금해요
영국군의 신무기
지중해의 개구리가 눈을 떴어요
장미전쟁이란 무엇인가요?

 선생님과 역사 읽기 - 역사, 알고 시작해야죠

세상이 만들어지던 날

우리가 살고 있는 지구에 사람이라고는 단 한 명도 찾아볼 수 없던 때가 있었습니다. 그런데 이보다 훨씬 옛날로 가면 지구에는 사람은 물론 짐승과 나무와 꽃 역시 전혀 존재하지 않았지요. 상상만 해도 외로운 시기였겠지요?

이게 끝이 아닙니다. 좀더 오랜 시간을 올라가 보면 지구라는 땅덩어리 자체가 없던 때가 있었습니다. 하늘에 별들만 반짝였을 뿐 아무것도 없었습니다.

해도 하나의 큰 별입니다. 하지만 지금 우리가 보는 둥글고 빨간 공 모양이 아니었습니다. 그냥 불덩어리 같았지요. 불덩어리의 해는 별만큼 커다란 불똥을 마구 튕겨 올렸습니다. 커다란 불똥 중 하나가 서서히 식어서 차가워졌습니다. 이것이 바로 지구가 되었답니다.

이 지구에 큰 비가 오면서 물 속이나 물 위를 떠다니는 식물이 생겼습니다. 그리고 바위가 삭아서 땅이 되었고, 뿌리를 내린 식물은 나무가 되고 숲을 이루었습니다. 동물도 모습을 드러내기 시작했습니다. 진드기를 시작으로 여러 동물들이 곳곳에 생겨났지요.

한참 후에야 원숭이를 닮았지만 원숭이가 아닌, 지혜로운 동물이 태어났습니다. 짐작할 수 있겠지요? 바로 사람입니다.

우린 이들을 '맨 처음에 살았던 사람들' 이라는 뜻으로 원시인이라 부릅니다. 그 때는 글자가 만들어지기 전이라 우리는 원시인이 남긴 흔적으로 그 생활을 짐작해 봅니다. 이렇게 '역사를 글로 써서 남기지 못한 시대'를 선사 시대라고 부릅니다. 또한 돌로 만든 도구와 돌로 만든 무기를 사용했기 때문에 석기 시대라고도 부르지요. 도구를 만들어서 사용할 수 있는 것은 지구상에서 사람뿐이랍니다. 창을 들고 다니는 곰이나 칼을 물고 날아가는 새는 없겠지요?

🔽 원시 시대의 도구들

◐ 천지창조(미켈란젤로) 중에서 아담을 창조하는 모습

성경에서 말하는 인류 역사의 시작

하늘과 땅은 어떻게 만들어진 것일까요? 성경에는 하나님이 천지를 창조했다고 나와 있습니다. 천지 창조 이후에 하나님은 자신의 모습을 본떠서 사람을 만들었습니다. 먼저 아담을 만들었고, 뒤에 이브라는 이름의 여인을 만들어 아담의 아내로 짝지어 주었지요.

아담과 이브의 자손들이 번성하여 세상에 흩어졌습니다. 그런데 곳곳에서 하나님의 뜻을 배반하여 악한 일을 저지르는 무리들이 늘어갔습니다. 하나님은 슬펐습니다. 그리고 땅 위에 인간을 만든 일을 후회했지요.

하나님은 대홍수를 일으켜서 세상에 가득한 악한 생물들을 모두 멸망시키기로 결심했습니다. 딱 한 사람만 빼놓고 말입니다. 그는 바로 하나님의 뜻을 거스르는 일 없이 올바르게 살아가는 '노아'라는 사람이었습니다. 하나님은 노아에게 홍수를 피해 살아 남을 수 있는 지혜를 가르쳐 주었습니다.

노아는 네모 반듯한 모양의 큰 배(방주)를 만들었습니다. 그 배에는 식구들과 세상 모든 동물의 암수컷 한 쌍씩을 태웠습니다.

◐ 노아의 방주
(베네치아 산 마르크 성당의 모자이크)

그러자 곧 큰 비가 내렸습니다. 정말 대단한 홍수였습니다. 노아의 방주에 타지 않은 생물들은 홍수로 인해 모두 물에 휩쓸려 버렸습니다.

노아의 홍수는 실제 일어난 일일까요? 오늘날에도 이 때의 홍수를 사실로 인정하는 과학자와 지질학자들이 많이 있습니다. 실제로 유럽의 북쪽 평야에는 거대한 바위들이 흩어져 있는데, 이 바위들이 '노아의 홍수' 시대에 떠밀려 온 것들이라고 주장하는 이들도 있으니까요.

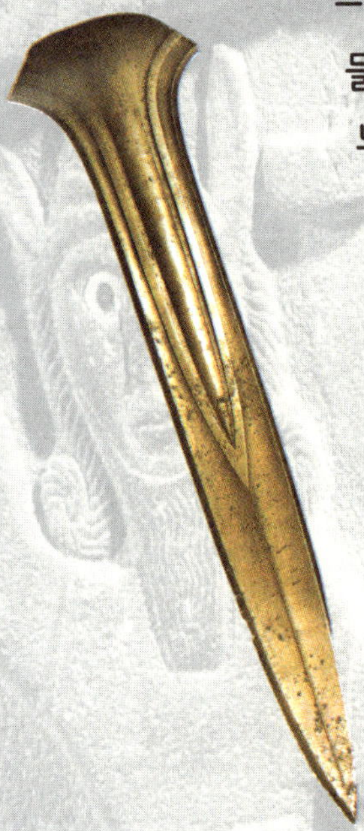

세상을 바꿀 불과 금속의 발견

인간은 불을 사용하면서부터 자연의 제약에서 벗어날 수 있었습니다. 인류 문명이 불과 함께 시작되었다고 보아도 무리가 아니지요.

인간은 불 사용 이전에 자연 현상으로부터 불을 미리 경험했습니다. 번개로 인한 산불이나 화산 폭발 등으로 말입니다. 그 때의 불은 유용한 것이 아닌 공포스런 존재였겠지요? 하지만 인간은 차차 불과 친숙해지기 시작했습니다. 불이 음식을 익히고, 추위를 이기게 할 수 있다는 것을 경험한 것이지요.

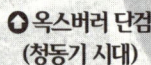

○ 옥스버러 단검
(청동기 시대)

○ 불을 사용하기 시작한 원시인(모형)

이후 인간은 불을 만드는 방법을 찾게 됩니다. 그리고 돌과 돌의 마찰을 통해 불꽃을 일으킬 수 있다는 것을 알게 됩니다. 이제 인간은 이 불을 보관하고 운반하기 쉽도록 정착 생활도 시작하게 됩니다.

인간은 불을 통해 금속 역시 발견할 수 있었습니다. 신석기 사람들은 돌을 채취하기 위해 불을 사용했습니다. 암석을 높은 온도로 데운 후에 찬 물로 급히 식히는 방법으로 돌을 얻었으니까요. 그 과정에서 돌에 섞여 있던 금속이 녹아서 흘러 나왔지요. 금이나 구리는 비교적 낮은 온도에서 얻어 낼 수 있는 금속이었습니다. 기원전 4천 년경에는 구리를 만드는 기술이 널리 퍼졌습니다.

🔾 이집트 왕들의 이름이 상형 문자로 새겨진 장식품

이후 인류는 세상을 바꿀 쇠붙이를 만나게 됩니다. 사람들은 구리를 단단하게 만들 방법을 생각합니다. 구리는 반짝반짝하고 보기 좋긴 했지만 아주 연해서 돌보다 빨리 구부러졌거든요. 그래서 생각해 낸 것이 구리에 주석을 섞는 것이었습니다. 이렇게 해서 청동이 만들어졌고, 청동기 시대가 열리게 되었습니다.

기원전 1400년경에는 히타이트가 철기를 만드는 법을 발명하게 됩니다. 그들은 용광로를 만들어서 철광석, 숯, 땔나무를 함께 넣었습니다. 그리고 이 때 만들어진 덩어리를 망치로 때려서 질 좋은 철을 얻게 되었습니다. 철기를 사용한 히타이트는 강대국인 이집트의 람세스 2세와의 싸움에서도 승리할 수 있었습니다. 청동기와의 싸움에서 철기가 승리하는 순간이었습니다. 이제 철기를 가진 민족과 그렇지 못한 민족 사이에 힘의 균형이 무너졌습니다. 서로 우열을 가리는 싸움이 벌어지기 시작한 것이지요. 철은 강력한 무기는 물론이고 농사를 짓는 도구로도 다양하게 사용되었습니다. 이 시대에 철은 황금보다 몇 배나 더 귀했지요.

불과 쇠붙이를 사용하면서 인류의 문명은 급속히 발전하기 시작했습니다.

글자의 발견

자신의 생각이나 하고 싶은 말을 글로 표현하는 방법을 제일 먼저 알아 낸 것은 이집트 사람들이었습니다. 물론 이 때의 글자는 지금의 로마 문자나 알파벳, 한글과는 전혀 다른 모양이었습니다. 그들이 만들어 쓴 글자는 창, 칼, 채찍, 새, 짐승 같이 어떤 물건이나 모양을 그린 그림 같은 기호였습니다. 우리가 그림 글자, 또는 상형 문자라고 부르는 글자였지요.

당시에는 종이가 없어서 나일 강 기슭에 있는 '파피루스'라는 식물의 잎사귀에 글을 적었습니다. 펜과 잉크 역시 없었기 때문에 펜 대신에 끝이 갈라진 갈대를 썼고 잉크 대신 불이 탈 때 나오는 그을음을 물에 풀어서 사용했습니다. 오늘날까지 전해지고 있는 그들의 글은 주로 건물의 벽이나 기둥, 또는 돌비석 같은 데에 남아 있습니다. 얼마 전까지만 하더라도 고대 이집트 사람들의 이 그림 글자를 읽을 수 있는 사람은 하나도 없었습니다.

그러나 지금으로부터 2백여 년 전(1799년), 이집트에 원정을 와 있던 나폴레옹 군대의 병사 한 사람이 로제타라는 상업 도시에서 우연히 비석 한 개를 파냈습니다.

◑ 상형 문자로 생명, 안정, 권력을 의미하는 글자가 새겨진 부적(이집트)

◑ 거북 뼈, 조개껍질 등에 새겼던 중국의 상형 문자

◑ 로제타돌

비석에는 고대 이집트 그림 글자와 그것을 풀어 쓴 듯한 초서체의 글자, 그리고 그리스 글자가 새겨져 있었습니다. 나폴레옹은 샹폴리옹이라는 언어학자에게 그 내용을 해석하라고 하였습니다. 그러나 그것은 결코 쉬운 일이 아니었습니다.

무려 20여 년이 걸려서야 '로제타 돌'에 새겨진 그림 글자의 수수께끼를 풀어 낼 수 있었습니다. 그 결과, 사람들은 이집트에서 발견된 모든 그림 글자의 문서들을 읽을 수 있게 되었지요. 이 한 조각의 돌을 근거로 하여 우리는 오랜 세월 모르고 지냈던 고대 세계의 역사를 알게 된 것입니다.

4대 문명의 발상지

인류 문명의 대표적인 발상지로 네 곳을 꼽을 수 있습니다. 티그리스·유프라테스 강 유역의 메소포타미아, 나일 강 유역의 이집트, 인더스 강 유역의 인도, 황하 유역의 중국이 바로 그 곳입니다. 우리는 이를 세계 4대 문명의 발상지라고 부릅니다.

◐ 나일 강 유역에서 발견된 토기

중국 황하 유역에 살던 북경원인(모형) ◐

◐ 대욕장이 있었던 인도의 고대 유적

고양이 미이라

그런데 이 문명 발상지에는 공통점이 있습니다. 바로 큰 강이 흐르는 곳이라는 점이지요. 강은 범람을 반복하면서 기름진 흙을 실어 날랐고, 때문에 농사를 짓기에 적합한 토양이 되었습니다. 또한 교통을 편리하게 하였습니다. 강 주변은 사람들이 모여 살기에 훌륭한 곳이었습니다.

하지만 한 가지 문제가 있었습니다. 강이 범람하면 홍수가 나기 쉽다는 점이었습니다. 사람들은 물을 다스리는 시설을 만들기 위해 서로 힘을 합쳐야 했습니다. 그리고 이 대규모 사업을 지휘할 권력과 관료기구가 필요했지요. 그 결과 국가가 생기게 되었고, 강력한 힘을 가진 사람이 나타나게 되었습니다.

그럼 4대 문명을 간략히 살펴볼까요?

메소포타미아는 티그리스 강과 유프라테스 강 사이에 길게 뻗어 있는 비옥한 땅에 위치해 있습니다. 메소포타미아는 두 강 사이에 있는 땅이란 뜻입니다. 메소포타미아 문명은 기원전 3000년경에 일어난 세계 최초의 문명입니다.

이집트의 나일 강 유역은 메소포타미아에 비해 훨씬 기름진 곳이었습니다. 이집트에는 파라오라는 절대적인 권력자가 있었습니다. 그는 신의 아들로 추앙받던 사람이었습니다. 파라오는 죽은 후에 나일 강의 범람을 다스리는 신이 된다고 믿어졌습니다. 물을 다스린다는 것은 이만큼 중요한 일이었지요.

인도 문명은 기원전 3000년경에서 2500년경에 꽃피었습니다. 이 지역은 다른 문명과 교류가 편리했고 벽돌로 된 도시와 포장된 도로를 가지고 있었습니다. 인도 문명의 특징은 도시 문명이라는 점이었습니다. 그런데 기원전 1500년경 아리아인의 침입과 대홍수로 인해 쇠퇴하고 맙니다.

중국 문명은 지금으로부터 5000년 전 황하 유역에서 일어났습니다. 황하가 실어 나른 황토는 영양분이 풍부한 흙이었습니다. 농사에는 제격이었지요.

확인해 보았듯이 우리 문명은 큰 강이 흐르는 곳에서 시작되었습니다. 강이 흐르는 곳이라야 농사를 제대로 지을 수 있기 때문입니다. 이 곳에 도시가 만들어졌고, 이것은 곧 국가의 형태로 바뀌게 되었습니다. 그리고 물을 다스리는 자가 권력을 쥐게 되었지요.

역사의 수수께끼 - 이집트와 피라미드

이집트에는 많은 신들이 있었습니다. 개·고양이·양·사자·개코원숭이·악어·뱀·하마·독수리 같은 동물들이 신으로 떠받들어지기도 했고, 하늘·땅·태양·공기·별 같은 것들이 신으로 모셔지기도 했습니다.

이집트 사람들은 이 많은 수의 신들을 동시에 믿었습니다. 이집트 사람들이 가장 두려워한 신은 오시리스라는 이름의 '저승의 신'이었습니다. 오시리스는 '농사의 신'을 겸하고 있는데, 사람들은 오시리스가 주로 저승에서 죽은 사람을 재판하는 역할을 한다고 믿었습니다.

오시리스에게는 호루스라는 이름의 아들이 있었습니다. 호루스는 매의 머리를 한 '매의 신'이었으며 파라오를 지켜 주는 신으로서 특별히 높게 모셔졌습니다.

◐ 피라미드와 스핑크스

이집트 사람들은 자신들의 왕을 파라오라고 높여 불렀습니다. 파라오는 굉장한 권력을 한몸에 지녔고, 사람이 누릴 수 있는 최고의 영화를 누렸습니다.

대개의 왕들은 자신이 살아 있는 동안에 미리 자신의 무덤을 만들어 두었습니다. 왕들은 자신의 무덤이 다른 왕보다 더 커야 한다는 욕심을 부리기도 했습니다.

나일 강 언덕의 사막 지대에는 그렇게 해서 만들어진 왕들의 돌무덤이 널려 있습니다. 우리는 이것들을 '피라미드'라고 부릅니다.

피라미드 하나를 만드는 데는 하루 평균 5천 명에 달하는 사람들이 꼬박 20년 동안 일을 해야만 했습니다. 이집트에는 피라미드를 지을 만한 돌이 별로 없었기 때문에, 사람들은 멀리 서남아시아까지 가서 배로 돌을 실어 왔습니다.

피라미드 근처에는 '아침의 신'이

◐ 이집트 여사제의 미이라

라 불리는 거대한 돌조각이 있습니다. 스핑크스라는 이름으로 얼굴은 사람이고 몸뚱이는 사자의 모양을 한 괴물 조각품입니다. 이 신은 피라미드를 지켜 주는 신이었습니다.

이밖에도 이집트 사람들은 그들의 신들을 위하여 이곳 저곳에 큰 건물을 지었는데 모두가 그들의 예배 당인 신전이었습니다.

신들이 사는 나라, 그리스

지중해 한구석의 불쑥 튀어나온 땅에 그리스인들이 살고 있었습니다. 그리스 사람들은 여러 명의 신을 믿었습니다. 그리스의 신들은 지극히 인간적인 신들이었습니다. 성스럽고 신비스러운 존재라기보다 동화 속의 주인공들 같은 그런 신들이었지요.

그리스의 신들 가운데 특히 이름이 잘 알려져 있는 12명의 신은 그리스에서 가장 높은 산인 올림포스에 살았습니다. 12명의 신들은 욕심이 무척 많았습니다. 자신들이 가진 것들을 사람들에게 나눠 주는 법이 절대로 없었지요.

그들 가운데에는 성미가 거칠고 사나운 신들도 많았습니다. 툭하면 서로 싸우고 죽이기도 했으며, 그보다 더 나쁜 짓들도 많이 저질렀습니다.

그리스 사람들은 신들에게 그냥 기도만 하는 것이 아니라, 살아 있는 짐승이나 맛있는 과일, 술 따위를 함께 바쳤습니다. 이렇게 하는 것이 신들을 기쁘게

◎ 미이라와 장례의식을 담당했던 아누비스 신의 머리 조각

◎ 오디세우스

하는 일이라고 생각했습니다.

그들은 제물을 바칠 때, 신들이 보내는 암시를 기다렸습니다. 신들이 기도한 내용을 들어줄 것인지 아닌지를 판단하기 위해서였지요. 그들은 새들이 떼를 지어 날아오른다던지 갑자기 번개나 천둥이 친다던지 하는 것들을 신이 보내는 암시나 대답이라 생각했습니다.

아테네에서 멀지 않은 곳에 파르낫소스라는 산이 있습니다.

이 산 중턱에는 델포이라는 도시가 있었습니다. 이 도시 한복판에서 화산이 폭발했는데, 불과 용암이 터져 나온 다음에도 오랜 세월 동안 계속해서 가스가 뿜어져 나왔습니다. 사람들은 이 가스를 아폴로 신의 입김이라고 여겼습니다.

그래서 사람들은 그 곳에 신전을 세우고 여자 무당으로 하여금 그 곳을 지키게 했습니다. 델포이 신전에는 언제나 사람들이 들끓었습니다. 정말로 그리스는 신들이 사는 땅이었고, 또 신들이 다스리는 나라였습니다.

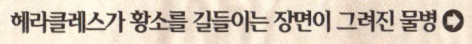

헤라클레스가 황소를 길들이는 장면이 그려진 물병 ◉

디오니소스(로마 신화의 바커스) ◉

그리스의 12신의 계보

↑ 하데스와 페르세포네

크로노스 — 레아

하데스
죽은 자들의 신이며 지하 세계의 왕으로 제우스, 포세이돈과 형제이다.

포세이돈
바다의 신이며 제우스의 형이다. 제우스 다음으로 유력한 신이다.

제우스
하늘을 지배하는 신으로 최고의 신이다. 천둥과 번개의 신이기도 하며 모든 신들과 인간의 아버지로 불린다. 아내 헤라와 함께 결혼을 주관하기도 했다.

헤라
신들의 여왕이자 제우스의 아내이다. 결혼과 가정을 수호하는 신이다.

데메테르
농업의 여신이며 제우스의 누이이다. 그녀의 딸 페르세포네가 하데스에게 가 있는 동안은 슬픔에 잠겨 세상을 돌보지 않는데 그 때가 바로 겨울이다.

레토

아폴론
태양, 문예, 음악, 예언의 신으로 제우스와 레토의 아들이다. 아르테미스와는 쌍둥이이다.

아르테미스
사냥과 달의 신이며 제우스의 딸이다. 처녀신으로도 숭상되었다.

메티스

아테네
전쟁과 지성의 여신으로 제우스의 머리에서 태어났다는 설도 있다. 아테네의 수호신이다.

마이아

헤르메스
신들의 사자이며 상업, 웅변, 여행자와 도둑의 안식처를 돌봐 주는 신이다. 아폴론의 이복동생이다.

아레스
전쟁의 신으로 제우스의 아들이다. 아름다운 청년의 모습을 하고 있다고 알려져 있다.

헤파이스토스
불과 대장간, 공예의 신으로 제우스와 헤라의 아들이다. 태어난 모습이 흉측해 화산에 버려졌으나 훗날 아프로디테의 남편이 된다.

아프로디테
사랑과 미의 여신으로 출생에 대해서는 여러 가지 설이 있다. 헤파이스토스와 사이에 사랑의 신 에로스를 낳았다.

에로스

↑ 아르테미스의 얼굴이 새겨진 청동주전자

아프로디테와 에로스 ↓

■ 12신

알파벳을 만들어 낸 페니키아인

알파벳 스물여섯 자면 원하는 모든 글자를 쓸 수 있습니다. 별로 대단한 일이 아닌 것 같지만 사실 알파벳은 엄청난 발명입니다. (우리 나라에도 과학적인 발명이라 할 수 있는 한글이 있지요.) 그럼 이 알파벳은 누가 만들어서 사용한 것일까요?

알파벳을 고안해 낸 사람은 바로 페니키아인들입니다. 이들은 지중해 무역을 독점한 민족이지요. 수공업으로 세계적인 명성을 얻었던 페니키아인들은 천재적인 장사꾼이었습니다. 이들이 만든 염색 천은 다른 나라들로부터 큰 환영을 받았습니다. 페니키아인은 비록 소수 민족이었지만 이집트나 메소포타미아 왕조들도 무시할 수 없는 존재였습니다.

알파벳 이전에도 문자는 있었습니다. 수메르인들의 설형 문자가 있었고, 이집트의 상형 문자도 있었습니다. 하지만 이 문자들은 불편하고 번거로웠습니다. 페니키아인들은 원활한 상업 활동을 위해서 새로운 문자가 필요했지요. 그래서 이들은 글자 수가 20여 개에 불과한 표음 문자인 알파벳을 고안했습니다. 이 간편한 문자로 효율적인 상거래 활동을 할 수 있었습니다. 또한 그들은 고향을 멀리 떠나 있었지만 늘 고향 곁에 있는 것 같았습니다. 문자를 이용해서 편지를 쓸 수 있었으니까요.

페니키아인들은 활발한 지중해 무역을 통해 그리스인에게도 문자를 전해 주었습니다. 그리스인은 모음을 추가해서 그리스 문자를 만들었습니다. 그리고 최종적으로 로마에 의해 로마 문자화되면서 라틴계 언어의 기초가 되었습니다.

페니키아인들이 사용했던 글자는 지금 우리가 보는 것과 크게 다르지 않습니다. 페니키아인들이 역사에 기억될 만하겠지요? 알파벳이라는 명칭은 그리스 문자의 자모표의 처음 두 글자인 α(알파)와 β(베타)가 결합해서 나온 것입니다.

전진하라, 헬라스의 아들들아!

기원전 500년경 페르시아가 위세를 떨치던 시절, 작은 도시 국가 아테네는 페르시아에 대항하기 시작했습니다. 이에 페르시아전쟁이 일어났고 페르시아는 아테네에 엄청난 원정군을 파견했지만 아테네의 승리로 끝이 났습니다. 이후 페르시아는 호시탐탐 그리스를 노리며 다시 전쟁을 벌였지만 아테네와 스파르타의 연합군에게 무참히 패배했고 이 전쟁을 계기로 혼란에 빠짐으로써 멸망까지 치닫게 되었습니다.

페르시아 전쟁 - 물과 흙을 바쳐라

에게 해를 사이에 두고 그리스와 맞서 있는 아주 큰 나라가 있었습니다. 바로 페르시아였습니다. 이것은 기원전 5백 년경 페르시아의 다리우스 왕 시절의 이야기입니다. 다리우스 왕 시대에 이오니아 지방에서는 작은 반란이 일어났습니다. 페르시아를 섬겨 오던 작은 도시 국가가 아테네의 도움을 받아 페르시아에 싸움을 걸어 온 것입니다. 페르시아는 힘이 센 나라였기 때문에 싸움은 간단하게 이길 수 있었습니다. 그러나 다리우스 왕은 다른 나라를 통해서 자기에게 도전한 아테네가 괘씸했지요.

'고약한 아테네, 감히 페르시아를 우습게 보다니……. 아예 그리스를 정복해 버려야겠다.'

다리우스는 그리스에 사신을 보냈습니다.

"그리스는 우리 페르시아에게 물과 흙을 바치시오."
물과 흙을 달라고 하는 것은 바로 나라를 달라는 것이었습니다. 그리스의 많은 도시들은 겁을 먹고 명령에 따랐습니다. 하지만 이 말을 따르지 않는 두 도시가 있었습니다. 바로 아테네와 스파르타였지요.
아테네 사람들은 사신을 우물 속에 집어 넣었습니다.
"우물 속에 흙과 물이 있으니 실컷 먹고 가 보라지."
이 소식을 들은 다리우스 왕은 머리끝까지 화가 치밀었습니다. 그는 그리스를 치기 위해 서둘러 원정군을 모았습니다. 군함은 무려 6백 척이나 되었지요. 한 척에 2백 명의 병사들이 탔으니 어마어마한 숫자였습니다.
"자, 배를 띄워라. 에게 해를 건너 그리스를 손에 넣자."
페르시아 대군은 아테네에서 26마일 떨어진 마라톤 평야에 진을 쳤습니다.
"엄청난 수의 페르시아군이 쳐들어왔소. 우리를 도와 주시오, 스파르타."
아테네는 다급하게 스파르타에 도움을 청했습니다.
"지금은 신전에 제사를 올리는 시기입니다. 게다가 보름달이 뜨지 않았군요."

당시 그리스 사람들은 달이 이지러져 있을 때는 군대를 움직이지 않았습니다.

'우리 아테네의 힘만으로 페르시아를 막아야 하겠군.'

이렇게 해서 아테네는 홀로 싸우는 수밖에 없었습니다. 아테네의 장군 밀티아데스는 1만 명의 병사들을 이끌고 마라톤 평야로 떠났습니다. 페르시아군 열두 명과 그리스 병사 한 명이 맞서 싸우는 셈이었습니다.

"군사를 좌우로 나눠서 페르시아군의 양 옆을 공격하자."

마침 페르시아군은 아테네군의 중앙으로 진격해 들어오고 있었습니다. 페르시아 대군 1만 명은 곧 아테네군에게 포위되고 말았습니다.

'여기서 물러나면 우리 아테네 사람들은 모두 죽고 말아. 내 목숨을 걸고 싸워야지.'

아테네 사람들은 이런 마음으로 자신의 생명을 걸고 싸웠습니다. 반면 페르시아 병사들은 단순히 왕의 명령에 거역할 수 없어서 싸우고 있었지요. 산토끼와 늑대의 싸움이었지만 목숨을

걷고 뛰는 토끼를 늑대가 잡을 수는 없었습니다.
"후퇴하라! 모두 도망쳐!"
페르시아군은 허둥지둥 도망을 쳤습니다. 아테네의 대승리였습니다.
이 기쁜 소식을 아테네의 시민들에게 전하기 위해 페이디피데스라는 병사가 아테네 시로 향했습니다. 그는 무려 40킬로미터가 넘는 거리를 한 번도 쉬지 않고 달렸습니다.
아테네의 시민들은 불안해하며 결과를 기다렸습니다.
"여보시오. 싸움이 어떻게 되었소?"
"우리 아테네군의 대승리……"
페이디피데스는 승리를 전하자마자 쓰러지고 말았습니다. 지친 몸으로 먼길을 달린 탓에 목숨을 잃고 만 것입니다.
싸움에서 승리한 밀티아데스는 많은 존경을 받았습니다.
"밀티아데스는 우리 그리스의 영웅이야."
그러나 밀티아데스는 이듬해 팔로스 섬 원정에 실패한 후, 시민들로부터 원성을 받았습니다. 그는 결국 장군직에서 물러났고, 얼마 지나지 않아 싸움터에서 입은 상처로 65세의 나이에 세상을 떠나고 말았습니다.

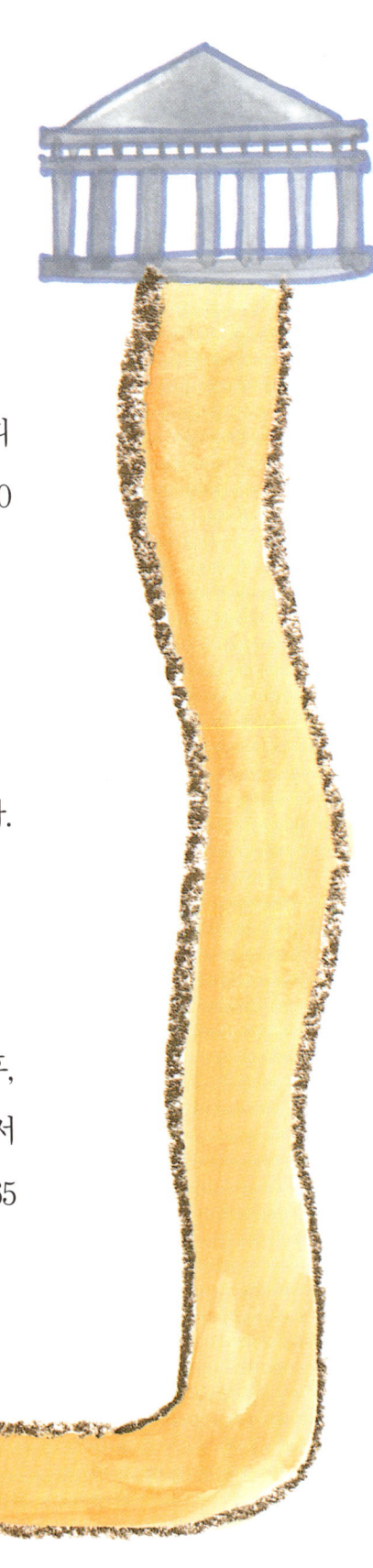

이기지 못할 바에는 여기서 죽으리라!

밀티아데스가 죽은 후 아테네에는 두 명의 훌륭한 인물이 등장했습니다. 둘은 서로 경쟁하는 사이였지요.

"페르시아군이 언제 다시 쳐들어올지 모릅니다. 군함을 만들어서 해군력을 키워야 합니다."

이렇게 주장하는 사람은 바로 테미스토클레스였습니다. 그러자 아리스티데스가 말했습니다.

"국방을 튼튼히 하는 것은 좋습니다. 하지만 비싼 군함을 만들자고 아테네의 돈을 쓸 수는 없습니다."

아테네에서는 당시 풍습에 따라 이 둘의 의견을 투표로 결정하기로 했습니다. 지는 사람은 추방을 당하게 되어 있었지요. 이 투표는 추방될 사람을 뽑는 투표였습니다.

마침내 투표 날이 되었습니다. 어떤 사람이 아리스티데스를 찾아왔습니다.

"저는 글을 쓸 줄 모릅니다. 저 대신 이름을 좀 써 주세요."

"누구의 이름을 쓰고 싶습니까?"

"아리스티데스의 이름을 쓰고 싶습니다."

그 사람은 부탁한 사람이 아리스티데스인 줄도 모르고 있었습니다. 아리스티데스는 자신을 추방시켜야 한다는 이

✓ 도편추방제

고대 그리스 시대에 나라에 위험이 될 만한 인물을 투표로 10년 동안 나라 밖으로 추방한 제도를 말합니다. 원래는 위험 인물을 추방하기 위한 것이었지만 시대가 지남에 따라 유력한 정치가를 추방하는 데 악용되기도 하여 기원전 417년을 마지막으로 사라졌습니다.

사람을 위해 투표 용지에 자신의 이름을 써 주었습니다.
이윽고 아테네 시민들의 모든 투표가 끝났습니다.
"자, 투표 결과가 나왔소. 우리 아테네는 아리스티데스를 추방하기로 결정했습니다."
아테네는 테미스토클레스의 생각에 따라 전쟁 준비를 착실히 해 나갔습니다.

그리고 기원전 490년, 페르시아는 10년 만에 다시 그리스로 쳐들어왔습니다. 다리우스 왕의 아들 크세륵세스가 새로 왕이 되어 일으킨 전쟁이었습니다. 크세륵세스 왕은 직접 군대를 이끌었습니다.
"군사가 너무 많아서 배에 다 실을 수가 없네."
병력은 저번 싸움과는 비교할 수 없을 만큼 대단했습니다.
"지난 싸움의 수모를 갚고, 반드시 괘씸한 그리스를 손에 넣고 말겠다."
페르시아 병력은 얼마나 많았으면 모두 배에 실을 수 없을 정도였습니다. 그래서 해군을 제외한 육군은 헬레스폰트 해협으로 몰려갔습니다. 해협의 폭은 1마일밖에 되지 않았지만 그 곳을 건너는 데는 상당한 꾀가 필요했습니다.

🔸 그리스 병사들의 전투 장면을 그린 물병

○ 페르시아군과 싸우는 아테네 병사의 모습

크세륵세스 왕은 많은 배를 동원했습니다.

"배를 한 줄로 연결하고 널빤지를 깔아 그 위를 건너가자."

병사의 수가 너무 많았기 때문에 페르시아군이 해협을 다 건너는 데는 꼬박 일 주일이 걸렸습니다.

한편, 그리스는 페르시아군에 대항할 작전을 세우고 있었습니다. 총사령관은 스파르타의 레오니다스 왕이, 그리고 작전 참모장은 아테네의 지도자 테미스토클레스가 맡기로 했습니다.

"우리는 육군보다는 우리 그리스의 강점인 해군의 힘으로 페르시아를 무찔러야 합니다."

그리스는 테미스토클레스의 주장을 따르기로 했습니다. 약간의 육군 병력이 그리스의 땅 테르모필레에 들어온 페르시아군을 막고 그 사이 3백 척의 배에 탄 그리스군은 페르시아 해군을 공격하기로 했지요.

스파르타의 레오니다스 왕은 7천 명의 병사를 이끌고 테르모필레로 떠났습니다. 테르모필레란 그리스 말로 '뜨거운 물'이라는 뜻입니다. 이 곳은 험준한 산이 곧장 바다와 잇닿아 있었습니다. 또 산허리에 가까스로 수레 한 채가 지날 수 있을 정도의 좁은 길이 트여 있는 곳이었습니다.

"적은 수의 병력으로 적의 대군에 맞서기 좋은 곳이지."

페르시아의 왕 크세륵세스도 이 곳의 지형을 보고는 당황했습니다. 그는 고심 끝에 레오니다스에게 사신을 보냈습니다.

"우리 군사의 수는 너희 그리스에 비교도 되지 않을 정도로 많다. 항복하

> **테르모필레 전투**
>
> 산과 바다 사이의 좁은 길인 테르모필레는 페르시아군의 남하를 저지하는 데 아주 유용한 곳이었습니다. 스파르타의 왕 레오니다스는 겨우 천여 명의 군사들로 페르시아의 대군에 맞섰으나 한 병사의 배신으로 모두 전사하고 맙니다.

면 목숨은 살려 주마."

그러나 상대는 용맹한 스파르타의 왕이었습니다. 스파르타 남자들은 어렸을 때부터 들어온 말이 있었습니다.

"싸움터에서 돌아올 때엔, 방패를 들고 당당한 모습으로 오너라. 그렇지 않으면, 방패에 뉘어져서 오거라."

이것은 이겨서 오던가 죽어서 오던가 둘 중의 하나를 택하라는 가르침이었지요.

크세륵세스의 사신에게 레오니다스가 말했습니다.

"우리를 잡아갈 자신이 있다면 직접 오라고 해라."

그리하여 테르모필레의 좁고 험준한 길목에서 싸움이 시작되었습니다. 그리고 일 주일이 지났습니다. 조바심을 내는 쪽은 오히려 페르시아군이었지요.

"길이 좁으니 군사가 아무리 많아도 밀고 들어갈 수가 없구나. 식량도 다 떨어져 가는데 큰일이군."

바로 이 때 페르시아 진영으로 달려온 그리스 병사가 있었습니다. 상관으로부터 나무람을 당한 것이 분해서 그리스

를 배신한 비겁한 병사였습니다.

"크세르크세스 왕이시여. 그리스군의 후방으로 쳐들어갈 수 있는 비밀 요새를 제가 압니다."

이 병사는 귀중한 정보를 털어놓았습니다. 페르시아 왕이 큰 상을 내리리라 믿었던 것입니다.

하지만 크세르크세스 왕은 정보만 자세히 듣고는 그를 쳐다보지도 않았습니다. 자기 나라를 판 비겁한 사람을 상대할 마음이 없었던 것입니다.

"자, 이제 그리스를 혼내 줄 수 있겠다. 병사들을 모아라."

페르시아군은 손쉽게 샛길을 찾아서 그리스군의 후방으로 쳐들어갔습니다. 레오니다스 왕은 뒤늦게 이 사실을 알았지만, 그 때는 이미 앞뒤로 페르시아군이 버티고 있었지요.

"도망쳐서 목숨을 구하고 싶은 사람은 떠나도 좋다. 조국을 위해 싸우다 죽을 사람만 남아 적과 맞서 싸워라!"

그러나 아무도 그 자리를 떠나지 않았고, 레오니다스와 부하들은 페르시아 대군과 싸우다가 모두 장렬하게 전사했습니다.

○ 아테네의 중무장한 병사 모습

나무로 만든 벽이 아테네를 구할 것이다!

아테네 군사들이 무너지면서 페르시아 대군은 홍수처럼 아테네로 밀려들었습니다.

"도시가 왜 이렇게 텅 비었지? 다 어디간 거야?"

아테네의 시민들은 싸움이 일어나기 전에 모두 살라미스라는 섬으로 대피했습니다. 그래서 페르시아 군대가 왔을 때는 이미 도시가 텅 비어 있었답니다.

이 때쯤, 살라미스에 모인 그리스의 장군들은 머리를 맞대고 고민에 빠졌습니다.

"최후의 결전을 어디서 벌여야 하지?"

그들은 델포이 신전으로 가서 그들이 믿는 신에게 방법을 묻기로 했습니다. 그러자 수수께끼 같은 답이 나왔습니다.

'나무로 만든 벽이 아테네를 구할 것이다.'

"이게 도대체 무슨 소리지? 나무로 만든 벽이라니?"

이 알 수 없는 답에 모두가 고개를 갸우뚱했습니다.

그러나 이 말을 이해한 딱 한 사람이 있었습니다. 바로 테미스토클레스였습니다.

✓ **델포이**

기원전 8세기경 그리스의 종교적 중심지로 부상한 델포이는 이후 폴리스 상업활동의 중심지가 되기도 했습니다. 기원전 7세기경에는 델포이 신전이 신에게 나라의 앞날을 묻는 신탁의 장소로써 이용되기도 했지만 이후 테오도시우스 1세가 그리스도교를 국교로 정하면서 더 이상 델포이 신전을 이용하지 않았습니다.

◯ 델포이 신전

"나무로 만든 벽은 바로 군함을 말합니다."
모였던 장군들은 테미스토클레스의 생각을 믿고 따르기로 했습니다. 그들은 망설임 없이 군함을 모으기 시작했습니다.

얼마 후, 살라미스의 좁은 물길에 군함 3백 척이 떴습니다. 이 난관을 헤쳐 나가기 위해 그리스 해군의 병력이 모두 모인 것입니다. 추격해 온 크세륵세스 왕은 살라미스가 한눈에 내려다보이는 언덕에 올라서서 이 광경을 지켜보았습니다.

레오니다스의 군대가 테르모필레 요새의 좁은 길목을 지키고 있었듯이, 페르시아의 함대는 의기양양하게 살라미스의 좁은 물길을 지키고 있었습니다.

고심하던 테미스토클레스는 한 가지 꾀를 생각해 냈습니다. 그는 자신의 병사 중 한 사람을 가리키며 말했습니다.

"넌 도망병으로 가장해서 페르시아 진영으로 가거라."

그리스의 병사는 이 지시대로 크세륵세스

🔼 벽돌에 그려진 페르시아 병사의 모습

✓ 크세륵세스 1세

페르시아 전쟁을 처음 일으켰던 다리우스 1세의 아들로 그리스와 제3차 페르시아 전쟁을 벌였습니다. 그리스에 연전연승을 거두던 크세륵세스는 살라미스 해전에서 대패한 후 페르시아로 물러갔습니다. 크세륵세스 1세는 이집트·바빌로니아의 난을 진압하였으며 페르시아 전쟁의 실패에도 불구하고 여전히 대영토를 지배했던 페르시아 전성기의 왕이었습니다.

왕에게 갔습니다. 그리고는 크세륵세스에게 그리스의 약점을 귀띔해 주었지요.

"페르시아 함대를 둘로 나누어서 아래위로 그리스 함대를 몰아치십시오. 그러면 간단하게 끝낼 수 있을 것입니다."

이것은 페르시아 해군을 좁은 물길로 끌어들이기 위한 테미스토클레스의 속임수였습니다. 크세륵세스는 테르모필레에서 이미 그리스를 배신한 병사를 보았던 터였습니다. 그래서 이번에도 그리스 병사가 해 주는 귀띔을 아무런 생각 없이 그대로 받아들였습니다.

'이번에도 힘 안 들이고 그리스군을 물리칠 수 있겠군.'

그는 어두워지자 두 편으로 갈라진 페르시아 해군에 출격 명령을 내렸지요.

한편 그리스 해군은 페르시아군이 오기를 기다리며 새롭게 함대를 배치했습니다. 작전대로 페르시아 함대가 몰려들어왔습니다. 하지만 몰아치듯 들어오던 페르시아군은 곧 무언가 이상하다고 생각했습니다.

"물길이 너무 좁아서 옴짝달싹할 수 없잖아."

◎ 페르시아 상인의 모습

페르시아군이 이렇게 당황하고 있는 사이, 갑자기 우렁찬 나팔 소리가 살라미스 만에 울려 퍼졌습니다. 그리스 군함의 반격이었습니다.

"뱃머리를 페르시아 군함으로 향하게 하라."

그리스 군함의 뱃머리에는 커다란 쇠못이 박혀 있었습니다. 이들은 페르시아 군함의 옆구리를 박았습니다.

"우리가 속았다. 움직일 수가 없잖아."

배와 배가 맞붙어 버리는 바람에 페르시아군은 꼼짝도 할 수 없었던 것입니다.

"모두 페르시아군의 함대로 넘어가라! 우리 땅을 침범한 저들을 몰아 내자."

그리스 병사들은 성난 사자와 같이 페르시아 군함으로 넘어 갔습니다. 그리스군과 페르시아군 병사들이 배 위에서 마구 뒤엉켰습니다. 그러나 페르시아군은 점점 그리스군에게 밀리고 있었습니다.

바닷가 언덕에 올라서서 밤새도록 싸움을 지켜보던 페르시아 제국의 대왕 크세륵세스는 거의 혼이 빠진 사람처럼 중얼거렸습니다.

"우리가 졌다, 돌아가자!"

이렇게 해서 싸움의 승리는 그리스에게 돌아갔습니다.

> ✓ **페르시아 제국**
>
> 페르시아가 제국으로서 기반을 닦게 된 것은 키루스 2세 때부터였습니다. 그는 메디아를 비롯, 서아시아의 중심인 바빌론을 점령하여 페르시아 제국의 영토 확장과 명성을 드높였습니다. 이후 다리우스 1세는 영토 확장뿐만 아니라 역전제 도입과 화폐 제도 확립 등으로 내실도 기했습니다. 그러나 다리우스 1세의 아들 크세륵세스 1세가 죽은 이후 혼란에 빠졌던 페르시아 제국은 알렉산더 대왕에 의해 결국 멸망하고 말았습니다.

전진하라, 헬라스의 아들들아!

저기요, 선생님! 이런게 궁금해요

 폴리스는 무엇을 말하는 것인가요?

부족 단위의 공동체를 형성했던 그리스인들은 농업 기술의 발달로 점점 인구가 늘어나고 정복의 위협도 있자 부족끼리 서로 단합해야 할 필요성을 느끼게 됩니다. 이에 몇몇의 부족들이 서로 결합하여 집단 공동체를 만드는데 이것이 바로 폴리스입니다.

폴리스의 중심부는 신들에게 제사를 지내는 아크로폴리스라는 성채였고 그 주변에는 사람들이 모일 수 있는 광장인 아고라가 있었습니다. 그리스의 폴리스들 중 독보적인 곳이 바로 아테네와 스파르타였습니다. 아테네는 일찍이 민주주의 정치체제를 도입하였는데 이를 먼저 도입한 것이 기원전 6세기에 재산의 소유 정도에 따라 시민들이 정치 활동에 참여할 수 있도록 한 솔론이었습니다. 하지만 이 방식은 실패로 돌아갔고 6세기 말에 등장한 클레이스테네스에 이르러서야 민주주의의 기반을 다질 수 있었습니다. 그는 모든 시민들이 참가하는 선거 제도와 위험 인물을 추방할 수 있는 도편추방제를 실시했습니다.

한편 자급자족적 경제활동을 해 왔던 스파르타에서는 민주주의가 전혀 발전하지 못했습니다. 타 문화와 이념에 보수적이었던 스파르타는 끝까지 왕정을 유지했고 엄격한 스파르타식 교육을 실시했습니다.

스파르타인들은 자기네 울타리 안에만 갇혀 살았습니다. 그리스의 다른 도시 국가들에게 아무런 호기심이

○ 아테네의 아크로폴리스와 파르테논 신전

없었지요. 그들은 이웃 나라와 무역도 하지 않았습니다. 또한 여행도 거의 하지 않았지요. 공격에 대해 방어할 준비는 되어 있었지만, 영토 확장에는 관심이 없었습니다. 그들은 다른 나라 사람들이 간섭하지 않는 한, 다른 나라 일에 관여하려 하지 않았습니다. 이렇게 스파르타인들은 뿌리 깊은 보수주의자들이었습니다.

스파르타인들은 말 많은 걸 싫어해요

스파르타 사람들은 말수가 적은 것과 간결하게 말하는 것을 자랑으로 여겼습니다. 그들은 짧고 밀도 있는 문장을 좋아했지요. 그에 대한 재미있는 일화가 있습니다.
스파르타인들에게 자신도 간결하게 말할 수 있다는 것을 보여 주고 싶었던 아테네의 한 대사가 빵집의 마차가 지나가는 것을 보며 말했습니다.
"보세요. 저 자루들에는 밀가루가 없어요."
그러자 스파르타인이 대답했습니다.
"그냥 '밀가루가 없군.' 이라고 말하면 되잖아요. 밀가루야 당연히 자루에 담는 것이니까요."
여러분, 스파르타인들의 언어 습관은 정말 대단히 간결한 것 같지요?

마라톤 경주의 거리는 어떻게 정해졌죠?

에게 해를 사이에 두고 그리스와 맞서 있는 아주 크고 힘센 나라가 있었습니다. 바로 페르시아라는 나라였습니다. 다리우스라는 왕이 페르시아를 다스리고 있을 때였습니다. 페르시아를 섬겨 오던 작은 도시 국가가 아테네의 원조를 받아, 페르시아에 싸움을 걸어 왔습니다. 화가 난 다리우스 왕은 곧 군대를 파견하여 이들을 눌렀지요. 싸움은 싱겁게 끝났지만 다리우스 왕은 반란군을 도와 준 아테네가 미웠습니다. 그래서 그는 그리스로 군대를 보냈습니다.
페르시아군이 상륙한 곳은 아테네에서 겨우 26마일 떨어진 곳이었지요. 아테네가 페르시아를 이기기에는 아주 힘든 상황이었습니다. 거의 12대 1의 싸움이었으니까요. 하지만 목숨을 걸고 치열하게 싸운 아테네군은

◑ 다리우스 왕

◐ 마라톤 거리의 페이디피데스 상

대승리를 거뒀습니다. 페르시아군은 오히려 허둥지둥 도망갔지요. 이런 기쁜 소식을 아테네 시민들에게 전하기 위해, 한 병사가 마라톤 평야를 달렸습니다. 그 거리가 26마일이었으니까 42.195km가 되지요. 병사 페이디피데스는 승리의 소식을 전하고 그만 숨을 거둬 버렸습니다. 그 때를 기념하여 지금의 마라톤 표준 거리가 정해진 것입니다.

올림픽은 왜 4년에 한 번 열리죠?

아주 오래 전, 그리스의 올림피아에서 처음 열린 올림픽은 이후로 4년에 한 번씩 열렸습니다. 고대 올림픽의 전통에 따라 지금도 이렇게 4년에 한 번씩 올림픽이 열리는 것입니다. 당시 경기에서 우승한 선수는 그리스 전국의 영웅이 되었습니다. 지금처럼 메달을 주는 것은 아니었지만 월계수 잎으로 엮어 만든 월계관이 머리에 씌워졌습니다. 이 올림픽 안에서 속임수란 절대 통하지 않았습니다. 스포츠 정신을 따진다면 옛날 그리스 사람들이 오늘날의 우리보다 훨씬 신사적이었지요. 전국에 내로라 하는 시인들이 올림픽의 영웅들을 위하여 시를 지어 바치기도 했습니다. 그리스 사람들은 체육은 물론 예술도 귀중하게 여겼던 민족이었습니다.

◐ 월계관

민주주의의 아버지 페리클레스

페르시아 전쟁에서 승리한 아테네는 '그리스 최고의 도시 국가'라는 명예를 얻었습니다. 이런 아테네의 황금 시대를 이끈 중요한 인물이 있습니다. 바로

◐ 페리클레스

페리클레스라는 사람입니다.
그는 인류 역사상 가장 훌륭했던 민주주의 정치가였습니다. 페리클레스는 시민들이 좋아하는 일을 좋아했습니다. 또 시민들이 즐거워하는 모습을 보면서 함께 즐거워했습니다.
그는 지식도 많았고, 대단한 웅변가이기도 했습니다. 대철학자인 소크라테스는 그의 뛰어난 웅변술을 크게 칭찬했습니다.

○ 파르테논 신전

민주주의를 내세워 이를 실천하려고 애쓴 덕분에 시민들은 그의 말을 잘 따랐습니다. 또한 그의 생각을 옳게 여긴 많은 기술자와 예술가, 철학자들이 그의 주위로 모여들었습니다. 기술자들은 극장이나 신전 같은 훌륭한 건물을 지었습니다.
페리클레스는 아테네 여신을 위한 신전을 만드는 일에도 앞장섰습니다. 이런 노력으로 기원전 483년, 아크로폴리스 언덕에는 유명한 파르테논 신전이 세워졌습니다.
그는 시민들이 원하는 일을 이룩하는 데 늘 앞장섰던 사람이었습니다.

말 잘 하는 거인 소크라테스

소크라테스는 아주 못생긴 사람이었습니다. 코는 납작코였고 눈은 움푹 꺼져 있었으며, 게다가 또 대머리였습니다. 그런데도 사람들은 그를 존경했습니다. 그리고 그를 철학자라고 불렀습니다.
소크라테스는 남을 가르치고 돈을 받지 않았습니다. 그는 더 이상 가난해질 수 없을 만큼 가난하게 살았습니다. 소크라테스가 귀중하게 생각한 것은 돈이나 출세가 아니었습니다. 그는 '자신의 정신을 훌륭하게 가꾸는 일'이 중요하다고 가르쳤습니다.
그는 남을 가르칠 때도 일방적으로 주장을 강요하지 않았습니다. 그는 대화를 통해 남을 깨닫게 했습니다. 그래서 사람들은 더더욱, 이 '겸손하고 지혜로운 선생님'을 존경했습니다.
그런데 소크라테스는 그리스 사람이면 누구나 다 믿는 그리스

소크라테스 ○

신들을 믿지 않았습니다. 그는 이런 사실을 입 밖에 내지 않으려고 늘 조심했습니다. 그래서 남들 앞에서 신을 모욕하는 말은 단 한 마디도 한 적이 없었습니다. 물론 자신이 믿지 않는 신을 찬양하는 거짓말을 한 적도 없었습니다.

신을 믿지 않고, 믿지 말라고 가르쳐 왔다는 죄목으로 소크라테스에게는 독약이 내려졌습니다. 시민과 제자들이 그를 살리려고 애썼지만 소크라테스는 태연한 모습으로 독약을 마셨습니다. 그는 나라의 법이 결정한 일을 뒤집는 것은 죄를 더하는 일이라고 제자들을 타일렀습니다.

소크라테스는 가난했지만 부자였습니다. 그의 정신이 늘 부유했기 때문입니다.

 ## 어떤 사람을 소피스트라고 하나요?

소피스트라는 용어는 오늘날 궤변론자라고 일컬어지고 있습니다. 그런데 당시만 해도 소피스트란 학자 혹은 현자의 동의어로 쓰였습니다. 소피스트들은 그리스 전역을 돌아다니면서 사람들에게 가르침을 베풀었지요. 그들은 신, 우주 혹은 추상적인 것들에는 관심이 없었습니다. 소피스트들은 살아가는 데 유용한 것들에 관심이 많았지요. 이들은 사람들을 가르치면서 비싼 교습비를 받곤 하였습니다. 소피스트인 고르기아스는 수사학을 중요시 여긴 사람이었습니다. 수사학이란 개인을 설득하는 기술을 의미합니다. 사람들 중에는 수사학이 사람을 속이는 방법이라고 비난하는 이도 있었습니다.

아테네와 스파르타가 격돌했어요! 펠로폰네소스 전쟁

그리스 안의 두 나라 아테네와 스파르타는 여러모로 서로 팽팽히 맞서는 강력한 도시국가였습니다. 페르시아 전쟁이 있기 전까지는 군사력에 있어서는 스파르타가 우위에 있었으나 테미스토클레스에 의해 해군력이 강화되고 페르시아 대군을 물리치는 데 그 해군이 결정적인 역할을 하게 된 이후, 아테네는 스파르타를 누르고 그리스를 휘어잡는 나라가 되었습니다. 그리고 페리클레스 같은 정치 지도자도 정치, 경제, 사회, 문화 등 모든 면에서 아테네를 크게 발전시켰습니다.

○ 스파르타의 유적지

아테네에 뒤지게 된 스파르타는 이웃 도시들의 대표를 불러모아 펠로폰네소스 동맹을 맺고 아테네와 싸우기로 결정했습니다.
그리고 기원전 431년, 스파르타가 아테네를 먼저 공격했습니다. 아테네의 지도자 페리클레스는 해군으로 펠로폰네소스 반도를 공격하면서 전쟁을 오래 끄는 계획을 세웠습니다. 그리고 이 작전은 어느 정도 성공을 거두었습니다. 하지만 펠로폰네소스 전쟁은 27년 동안이나 이어졌고 아테네와 스파르타, 또 주변 도시 국가들은 많은 상처를 입었습니다.

서양 문화의 꽃, 그리스 문화를 알고 싶어요

고대 그리스인들은 자유로운 사상과 지식을 바탕으로 한 문화로 지금의 서양 문화의 원류를 만들어 냈습니다. 그 중 가장 꽃을 피웠던 것이 철학인데, 민주주의가 크게 발달했던 아테네에서는 토론 문화가 중시되었기 때문에 이에 따라 웅변술과 수사학이 발달했습니다. 이러한 기술들을 가르쳤던 것이 바로 소피스트였습니다. 또한 그리스 시대의 위대한 철학자 소크라테스와 플라톤, 아리스토텔레스는 철학의 한 뿌리 아래에서 다양한 관념들을 발전시켰습니다.
올림포스의 12신들을 숭배했던 그리스인들의 문화는 신화와 관련되어 발전했습니다. 지금도 고전으로 꾸준히 읽히는 호메로스의 〈일리아스〉와 〈오디세이아〉는 신화와 부족의 역사를 결합한 대서사시이며 헤시오도스의 〈신통기〉도 신화와 문학을 결합한 소중한 명작입니다.
수학의 피타고라스, 역사의 헤로도토스와 투키디데스, 의학의 히포크라테스, 연극의 소포클레스와 아리스토파네스 역시 고대 그리스의 화려한 문화를 낳게 한 이들이랍니다.

위대한 정복자 알렉산더 대왕

마케도니아 왕의 후계자 알렉산더는 어릴 때부터 천재성을 보인 소년이었습니다. 아버지가 그리스를 손에 넣은 데 이어 왕위를 물려받은 알렉산더는 페르시아와 이집트까지 손에 넣기에 이르렀습니다. 이후에도 아라비아와 이탈리아 반도까지 정복을 결심한 알렉산더는 원정을 단행하지만 결국 바빌론에서 32살의 젊은 나이로 숨을 거두고 말았습니다.

> ☑ **마케도니아**
>
> 발칸 반도에 위치한 나라로 기원전 5세기에 마케도니아 왕국으로 성립된 곳입니다. 이후 알렉산더 대왕이 영토를 크게 넓히고 위세를 떨쳤으나 그가 죽은 후 붕괴되어 로마 제국과 비잔틴 제국의 속주를 거치게 됩니다. 현재는 불가리아, 유고슬라비아, 그리스와 국경을 맞대고 있습니다.

마케도니아 왕국에 아주 영리한 소년이 살고 있었습니다. 그의 이름은 알렉산더였고, 그의 아버지는 마케도니아의 왕 필립포스 2세였습니다.

"알렉산더, 나와 함께 조련장에 나가도록 하자."

어느 날, 소년 알렉산더는 아버지 필립포스 왕을 따라 말 조련장으로 시찰을 나갔습니다.

"어이쿠! 저 사나운 망아지를 어떻게 길들이지?"

조련장의 사람들은 망아지를 다루지 못해 한창 애를 먹고 있었습니다. 사람이 올라타기만 하면, 망아지는 기다렸다는 듯 앞발을 치켜올려 요동을 쳤습니다. 올라탄 사람들은 모두들 땅바닥으로 떨어지곤 했습니다. 그런 모습을 보고 알렉산더가 말했습니다.

"제가 저 망아지를 길들이겠습니다."
"왕자님, 안 됩니다. 저 망아지를 타시면 크게 다치십니다."
필립포스 왕도 알렉산더를 말렸습니다.
"군인들도 못 타는 말을 어린 왕자가 어찌 타겠느냐."
그런데 알렉산더는 사람들이 망아지를 쉽게 다루지 못하는 까닭을 알아차리고 있었습니다.
'망아지는 자신의 그림자에 놀라고 있는 거야.'
그렇게 생각한 알렉산더는 필립포스 왕에게 말했습니다.
"제가 저 말을 탈 수 있습니다. 제발 허락해 주십시오."
필립포스 왕은 알렉산더의 간곡한 청에 어쩔 수 없이 말 타는 것을 허락하고 말았지요.
알렉산더는 망아지에게 다가가 그 머리를 해가 있는 쪽으로 돌려 세웠습니다. 그리고 망아지의 등을 토닥거려서 말을 안심시켰습니다.
사납게 날뛰던 말이 서서히 안정을 찾을 무렵, 알렉산더는 말에 올라앉았습니다. 그 광경을 보던 사람들은 혹시나 왕자가 떨어질까 두려워하며 얼굴로 손을 가렸습니다. 그러나 아무 일도 생기지 않았습니다. 오히려 알렉산더는 아주 능숙하게 망아지를 다루었습니다. 망아지의 그림자도 올라앉은 알렉산더의 그림자도 똑같이 뒤를 따랐습니다.

제가 저 망아지를 길들이겠습니다.

> **아리스토텔레스**
> 고대 그리스의 철학자로 플라톤의 제자이기도 한 아리스토텔레스는 알렉산더 대왕의 스승이기도 했습니다. 아리스토텔레스는 인간의 감각과 논리를 중시했으며 그와 관련한 인식을 구하려는 현실주의적 입장을 가지고 있었습니다.

"오, 과연 마케도니아 왕국의 왕자답다."

해를 향하여 앞으로 뛰어나가는 알렉산더를 본 사람들은 모두 입을 모아 칭찬했습니다.

'알렉산더는 정말 뛰어난 재능을 가졌다. 내 뒤를 이을 알렉산더에게는 좀더 큰 세계를 안겨 주고 싶구나.'

필립포스는 왕자의 교육에도 정성을 다했습니다. 과연 알렉산더는 어릴 적부터 그 빛을 보였습니다. 아들의 재능에 더욱 신이 난 필립포스 왕은 훌륭한 스승을 찾아서 알렉산더를 가르치게 했습니다. 철학자 아리스토텔레스가 바로 알렉산더의 스승이었습니다.

그 무렵, 필립포스 왕은 큰 야망을 품고 있었습니다.

'마케도니아와 그리스를 합쳐서 세상에 다시 없을 통일 제국을 이룩해야겠다.'

필립포스 왕은 그리스를 굴복시키기 위해 군사를 훈련시켰습니다.

그러나 필립포스 왕은 서두르지 않았습니다. 직접 싸우지 않고 그리스를 빼앗는 방법을 궁리하고 있었던 것이지요. 어떻게 하면 강제적이지 않은 방법으로 그리스를 얻을 수

있을지 골몰하던 필립포스 왕은 아테네 쪽에 미끼를 던졌습니다. 전쟁은 이미 오래 전에 끝났지만, 그래도 여전히 아테네를 짓밟은 페르시아를 미워하는 사람들의 마음을 이용했던 것입니다.

"페르시아와의 전쟁에서 당신네 그리스는 무엇을 얻었소? 당신들의 아름다운 도시들은 쑥밭이 되었고 이것을 재건하기 위해 당신들은 엄청난 돈을 쓰지 않았소? 얼마나 억울한 일이오?"

필립포스 왕은 일단 이렇게 약을 올려놓고 나서, 아테네 사람들의 반응을 살펴보았습니다. 반응이 자신이 원한대로 이끌어지자 필립포스 왕은 그 때부터 자신의 생각을 조금씩 내보였습니다.

◑ 알렉산더 대왕

"우리가 참견할 일은 아니지만, 이웃 나라의 입장에서 당신들이 너무 안타깝소. 우리가 그리스를 대신해서 페르시아를 혼내 주고 싶은데……. 어떻게 생각하시오?"

그러자 아테네 사람들은 필립포스가 던진 이 맛있는 미끼를 반가워했습니다.

'정말 잘됐군. 안 그래도 페르시아 놈들이 얄미웠는데 우리 힘을 들이지 않고 혼내 줄 수 있다니······.'

그런데 꼭 한 사람, 필립포스 왕의 속셈을 알아차린 사람이 있었습니다.

"저 말을 믿어서는 안 돼요. 저자는 지금 우리를 속이는 것입니다. 바로 우리 그리스의 왕이 되고 싶은 거라고요."

이 사람의 이름은 데모스테네스였습니다. 그는 말을 잘 하는 웅변가였습니다. 데모스테네스는 과연 현명한 사람이었습니다.

'필립포스 왕의 검은 속을 반드시 밝히고 말겠어.'

데모스테네스는 무려 열두 차례나 연설을 했습니다. 사람들은 그 때마다 감격하여 손뼉을 쳤습니다. 그러나 그 어떤 사람도 그리스를 빼앗으려는 필립포스를 막기 위해 손을 쓰지는 않았습니다.

결국 필립포스는 손도 대지 않고 그리스를 얻었습니다. 그는 마케도니아와 그리스의 왕이 된 것입니다. 그러나 그는 부하의 손에 암살을 당하고 말았습니다.

필립포스의 뒤를 이어, 스무 살의 청년 알렉산더가 왕위에 올랐습니다.

"내가 다스려야 할 땅이 너무 좁고 답답하구나."

이미 마케도니아와 그리스 전체를 지배하게 된 알렉산더는 할 수만 있다면 이 세계를 모두 차지하고 싶었지요.

'아버지가 이루지 못한 계획을 내가 이뤄야겠어. 페르시아를 손에 넣자.'

그런 생각에 이른 알렉산더는 페르시아를 정복할 준비를 했습니다. 모든 준비가 끝나자 그는 곧장 헬레스폰트 해협을 건너 아시아로 진격해 들어갔습니다.

알렉산더는 언제나 맨 앞에 서서 달렸습니다.

"제발 살려 주십시오. 항복하겠습니다."

페르시아 제국의 수많은 도시들이 알렉산더와 그의 병사들의 말발굽에 눌려 손을 들었습니다. 페르시아 왕 다리우스 3세는 유명한 '이수스의 싸움'에서 다리에 부상을 입어, 가족까지 팽개친 채 도망쳐야 하는 봉변을 겪었습니다.

> **이수스 전투**
>
> 마케도니아의 알렉산더 대왕과 페르시아의 다리우스 3세가 이수스에서 벌였던 싸움으로 알렉산더 대왕은 페르시아를 격파합니다. 결국 다리우스 3세는 싸움터에서 도망쳐야 했고 왕비와 왕자들은 알렉산더의 손에 잡히고 맙니다.

알렉산더 대왕의 아시아 원정 2년째 되는 날이었습니다.

"우리 휴전을 합시다."

다리우스 3세가 휴전을 요청했습니다. 그러나 알렉산더는 그 말을 받아들이지 않고 단숨에 페르시아를 점령했습니다. 그리고 그 기세를 몰아 이집트로 향했습니다.

"자, 이번에는 이집트로 진격한다."

뜻밖에도 이집트 점령은 아주 손쉬웠습니다. 그 무렵, 이집트는 페르시아의 지배를 받고 있었습니다. 그 때문에 이집트 사람들은 페르시아 사람들을 아주 싫어했고, 그런 차

◯ 이수스 싸움. 알렉산더와 다리우스 3세의 전투(벽화 일부)

에 알렉산더가 진격해 오자 내심 반가워했던 것입니다.
"알렉산더 대왕을 환영합니다."
알렉산더는 칼에 피 한 방울 묻히는 일 없이 이집트의 수도 멤피스로 들어갔습니다.
"저희 파라오의 왕관을 바칩니다."
알렉산더는 이집트의 왕, 파라오의 왕관을 썼습니다.
"승리를 기념해서 도시를 건설하겠다. 이 도시의 이름을 '알렉산드리아' 라 부르거라."
알렉산더는 나일 강 어귀에 자신의 이름을 딴 도시를 건설했습니다. 그는 이 곳에 제일 먼저 큰 도서관을 세웠습니다. 책이 50만 권이나 되는, 세계에서 가장 오래 되고 가장 큰 도서관이었습니다.
알렉산더는 또 알렉산드리아 항구 앞 페어로스 섬에 30층 높이의 어마어마한 등대도 세웠습니다.
"여기서 오래 지체할 수 없다. 새로운 땅을 찾아 떠나자."
알렉산더는 한 곳에 오래 머무르지 않습니다. 그의 눈은 언제나 낯선 세계를 향해 열려 있었습니다.
그는 멀리 인도까지 진격했습니다.
그러나 알렉산더도 너무나 오랜 기간 고향을 떠나 있었던지라 서서히 고향이 그리워지기

✓ 파라오

고대 이집트 왕은 파라오 외에도 다섯 가지나 되는 호칭을 더 가지고 있었다고 합니다. 바로 태양신을 뜻하는 호루스를 비롯해 두 귀부인, 황금의 호루스, 상하 이집트왕, 태양의 아들이었습니다. 파라오는 종교와 정치에서 절대적인 권력을 가졌던 존재였습니다.

◐ 이집트 투탕카멘 왕의 황금 마스크

시작했습니다.

"우리가 고향을 떠나온 지 얼마나 되었지? 가족들 얼굴도 잊어버렸어."

"벌써 10년이 흘렀어. 어머니는 아직 살아 계실까?"

병사들 가운데엔 고향과 고향 땅에 두고 온 가족들이 그리워 병이 난 사람들이 있을 지경이었습니다. 그들이 걸어온 길은 무려 1만 8천 킬로미터나 되었습니다.

'다시 고향으로 돌아갈 수 없게 되면 어떡하지?'

병사들은 점점 지쳐 갔습니다. 그러나 알렉산더는 동방에서 그가 더 이상 정복할 나라가 없음을 깨닫고, 그것에 실망하여 가슴을 쳤습니다. 하지만 거기서 멈추지 않았습니다.

"할 수 없다. 이제 우리는 서쪽으로 향한다."

그 서쪽은 고국 마케도니아가 아니라 서남쪽 아라비아를 향한 행군이었습니다.

'아라비아와 이탈리아 반도만 손에 넣으면, 세계는 완전히 나의 나라가 될 수 있어.'

알렉산더의 욕심은 끝이 없었습니다.

"지친 병사들을 위해 잔치를 열겠다."

그는 병사들을 위로하기 위해 잔치를 열었습니다. 그런데 그 때였습니다.

"왕께서 너무 지쳐 보이시지 않아?"

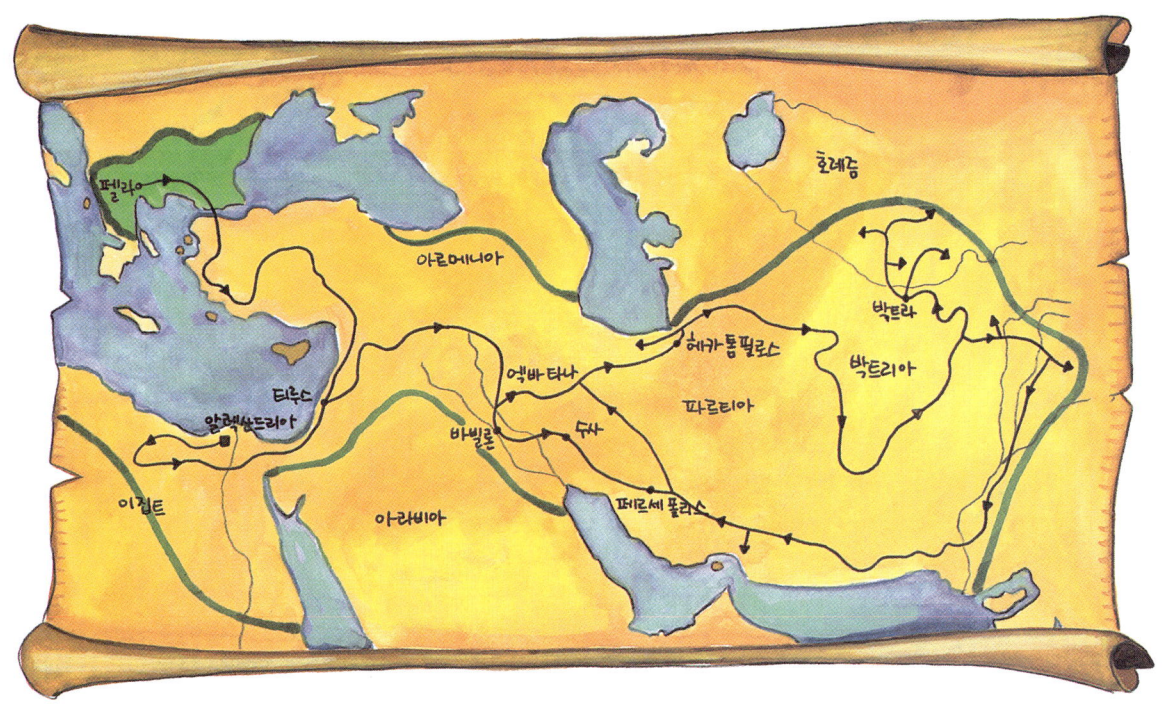

■ 알렉산더 제국　　　　　　　　　　　　◐ 알렉산더 제국의 영토와 원정 경로

"응, 안색이 좋지 않으시네."

병사들이 쑤군거렸습니다. 그러기를 얼마 후, 알렉산더는 정신을 잃고 쓰러지고 말았습니다.

"대왕님! 정신 차리세요. 큰일났다! 알렉산더 대왕님께서 쓰러지셨다!"

병사들이 달려와 알렉산더를 부축했습니다. 의사가 달려왔지만 그는 이내 고개를 저었습니다.

결국 세계를 손에 넣고 싶었던 그의 꿈은 이루어지지 못했습니다. 자신이 정복한 타국 땅 바빌론의 낯선 하늘 밑에서 그는 열병으로 숨을 거두었습니다. 서른두 살의 젊은 나이에 쓰러진 것입니다.

알렉산더 대왕은 인류 역사상 가장 젊은 나이로, 가장 넓은 세계를 다스렸던, 가장 위대한 왕이었습니다.

위대한 정복자 알렉산더 대왕

저기요, 선생님! 이런게 궁금해요

신비의 왕국 바빌로니아 함무라비와 인류 최초의 법전

티그리스 강과 유프라테스 강 사이, 메소포타미아 문명이 일어난 초승달 모양의 비옥한 땅에 그 어느 곳보다 수준 높은 도시문명이 탄생했습니다. 바로 바빌로니아 왕국이었지요.

특히 바빌로니아 왕국의 함무라비 왕은 그 이웃 나라까지 손에 넣어 대제국을 건설하면서 성을 쌓고, 신전을 지었으며 또한 운하와 도로를 건설했습니다. 그러면서 자연스럽게 바빌로니아는 오리엔트의 중심도시가 되었습니다.

함무라비 왕은 법전을 반포하여 왕권을 확립했고, 이로써 바빌로니아는 정치적으로나 문화적으로나 최고의 문명 국가가 되었습니다. 뒷날 페르시아 제국에 의해 멸망할 때까지 바빌로니아 왕국은 아무도 넘보지 못할 거대한 국가였답니다.

◐ 함무라비 법전의 비석과 중간 부분의 글씨를 확대한 모습

네부카드네자르 왕이 만든 공중정원

'세계 7대 유적'으로 꼽히는 정원이 있습니다. 바빌로니아의 왕 네부카드네자르가 왕비를 위해 만든 것이었습니다. 왕비는 메디아 왕국의 공주였는데, 그녀는 늘 고향을 그리워했습니다. 네부카드네자르 왕은 사랑하는 왕비의 마음을 위로하기 위해, 궁전의 옥상에 아름다운 정원을 만들어 주었습니다. 왕비의 고향에서 갖가지 나무들이며 바위들을 실어 와 그 정원을 단장했지요.

그러나 페르시아의 크세륵세스 왕이 바빌로니아를 공격해 왔습니다. 으리으리했던 도시 바빌로니아는 불에 타고 허물어져 쑥밭이 되었습니다. 아름다운 정원 역시 사라져 버렸습니다. 지금은 흔적만이 남아 있을 뿐입니다.

○ 바빌론의 공중정원 자리

○ 바벨탑(브루겔 그림)

하늘나라로 오르는 탑

바빌로니아의 왕 네부카드네자르 왕은 여러 가지 무서운 괴물을 신으로 숭배했습니다. 왕은 멀리 예루살렘에 하나님만을 믿는 유대 인들을 미워했습니다. 그래서 군대를 일으켜 예루살렘을 공격했고 유대 인들은 오랫동안 포로 신세가 되었습니다.

또 하늘 높은 줄 몰랐던 바빌로니아 사람들은 세상이 모두 자기 것이라 여겼습니다. 그래서 그들은 하늘로 오르는 탑을 쌓았습니다. 성경에는 타락한 바빌로니아 사람들이 하나님의 뜻에 거역하여 쌓아 올린 '바벨탑'의 이야기가 자세히 적혀 있습니다.

바빌로니아인들은 높고 두터운 성벽으로 튼튼하게 무장된 그들의 성을 누가 감히 넘을 수 있겠느냐며 큰소리를 쳤습니다. 성 밖으로는 눈길도 주지 않았지요. 그러나 왕과 신하와 백성들이 한결같이 취해서 곯아 떨어져 있을 때, 페르시아 병사들이 바빌론의 높은 성벽을 타고 홍수처럼 밀려 들어왔고 곧 100개의 청동 성문이 활짝 열리고 말았습니다.

이것이 타락한 대왕국 바빌로니아의 최후였습니다.

석가모니의 탄생

기원전 6세기경, 인도의 한 왕실에서 붓다가 될 운명을 타고난 왕자가 태어났습니다. 왕자는 뛰어난 외모와 재능으로 모든 이들의 부러움과 존경을 샀지만 그는 자신의 인생에 만족하지 못하고 살았습니다. 어느 날 여행을 떠난 왕자 앞에 일찍이 예언자가 예언한 대로 노인과 병자, 죽은 사람, 고행자가 나타납니다. 이들로 인해 큰 충격을 받은 왕자는 이후 꾸준한 수행을 통하여 보리수 아래에서 드디어 깨달음을 얻었고 부처가 되었습니다.

✅ **점성가**
별의 모양과 천문을 보고 인간이나 나라의 운명과 장래, 길흉을 점치는 사람을 말합니다. 고대 바빌로니아에서 처음 생겨났습니다.

아가야~♥

기원전 6세기경 인도의 히말라야 기슭에는 샤키아족이라는 왕족이 있었습니다. 이 왕국의 마하마야 왕비는 장차 왕족을 이끌 아기를 잉태하고 있었습니다.
"부디 우리 왕국을 강하게 만들 훌륭한 왕자를 부탁하오."
"네. 그런데 제가 이상한 꿈을 꿨어요. 여섯 개의 상아를 가진 흰 코끼리가 제 오른쪽 가슴으로 들어왔답니다."
"정말 신기한 꿈이군. 지금 당장 점성가를 불러서 해몽을 해 봅시다."

왕은 즉시 점성가를 불렀습니다.
"이 꿈이 무엇을 의미하는 것이냐?"
"기뻐하십시오. 지금 태어나실 분은 전 인류를 구제할 위대한 인물이십니다."
이 소식은 왕국 곳곳에 퍼졌습니다. 사람들은 대단한 흥분 속에서 왕비의 출산을 기다렸습니다. 그리고 시간이 흘러 왕비의 출산일이 되었습니다.

왕비는 당시 관습에 따라 친정으로 향했습니다.

"이 곳의 나무와 꽃이 너무나 아름답구나. 여기서 잠시 쉬었다가 가자꾸나. 경치를 좀 구경해야겠다."

그런데 나무 그늘에서 쉬고 있는 왕비에게 갑자기 진통이 찾아왔습니다. 결국 왕비는 그 곳에서 남자 아기를 출산하게 되었습니다.

"건강한 왕자님이십니다. 왕비님, 더 이상 여행을 할 필요가 없겠어요."

왕비는 새로 출생한 왕자와 함께 많은 축하를 받으며 왕국으로 돌아왔습니다.

"왕자의 탄생을 축하하는 연회를 베풉시다. 우리 왕자의 장래를 알려 줄 선인들도 초대하도록 하고요."

이렇게 해서 미래를 예견하는 신통력을 가진 사람들이 궁궐에 모였습니다.

"왕자님은 보통 사람을 초월하는 인물이 되실 것입니다. 이 분은 붓다가 되실 분입니다."

"붓다라면 깨달음을 얻은 사람을 뜻하는 말이 아니오? 우리 왕자는 내 뒤를 이어 왕이 되어야 하오."

> ✓ **붓다**
>
> 붓다는 '깨달은 자'를 말하며 산스크리트어입니다. 음 그대로 읽으면 불타(佛陀)라고 하며 우리 나라에서는 부처라고 합니다. 우리는 보통 붓다를 석가모니라고 생각하지만 꼭 한정된 것은 아니며 생과 사의 진리를 이해하고 자기 것으로 만든, 깨달음을 얻은 자를 모두 가리키는 말입니다.

붓다가 되실 것입니다.

왕은 왕자가 고행을 하기 위해 왕위를 포기하게 된다는 것은 상상조차 할 수 없었습니다.

'이거 참 큰일이로구나. 다른 점성가들을 데려와야겠어. 선인의 예언을 확인해 봐야지.'

왕은 점성술이 뛰어난 파라문 여덟 명을 초대했습니다.

"왕자를 데려오너라."

여덟 명의 파라문은 왕자의 용모를 자세히 살폈습니다. 그리고 왕에게 말했습니다.

"왕자님은 세속에 머물게 되면 위대한 황제가 되실 것입니다. 그러나 세속을 떠나서 깨달음을 구한다면 영원히 존경 받는 붓다가 되실 것입니다."

그런데 곤다니야라는 여덟 번째 파라문이 말했습니다.

"왕자님의 길은 하나밖에 없습니다. 언젠가 왕자님께서는 네 가지의 특별한 사건의 해결을 위해 세속을 떠나게 되실 것이며 거기서 깨달음을 얻어 붓다가 되실 것입니다."

왕은 곤다니야의 이러한 예언을 듣고 몹시 당황했습니다.

"정말 그렇단 말이오? 그건 있을 수 없는 일입니다.

> ✅ **파라문**
>
> 인도의 신분 제도인 카스트 제도에서 가장 높은 지위인 승려 계급 브라만을 한자 음 그대로 읽은 것이 파라문입니다. 이 제도에 따르면 승려 아래에 무사 계급인 크샤트리아, 서민 계급인 바이샤, 노예 계급인 수드라가 존재합니다.

○ 부처님의 일생을 그린 그림 중의 한 장면. 위 그림은 부처님이 태어나시는 장면을 그린 것이다. (송광사)

반드시 내 뒤를 이어 훌륭한 왕이 되게 할 것이오."

왕의 고민 속에서 왕자는 훌륭하게 성장해 나갔습니다.

"왕자님의 피부는 황금색이야. 어쩜 저렇게 아름다운 눈을 가지셨을까? 머리카락에서는 청빛이 감도는 거 같지?"

"태어나실 때부터 보통 사람과는 다르셨잖아."

어느덧 왕자는 학교에 입학할 만큼 자랐습니다. 왕자는 교사들을 깜짝 놀라게 할 만큼의 재능을 보여 주었습니다.

"어학, 수학은 물론 다른 과목까지 눈 깜짝할 사이에 다 익히셨어요."

"다른 귀족의 자녀들과는 감히 비교가 되지 않을 정도로 탁월하십니다."

왕은 뛰어난 왕자를 바라보며 흐뭇했지만, 한편으로 불안한 마음도 가지고 있었습니다.

'왕자는 세계의 왕이 될 재목감이지만 예언자들의 말이……'

왕은 다시 한번 파라문들을 불러들였습니다. 네 가지 사건에 대한 설명을 듣기 위해서였지요.

"설명을 해 주시지요. 지난번 곤다니야께서 말한 네 가지 사건은 무엇을 말하는 것입니까?"

"네 가지 사건은 즉 노인, 병자, 죽은 사람, 그리고 출가한 고행자를 차례로 만나게 되는 것을 말합니다. 만약 왕자님께서 이들을 만나신다면 붓다의 길을 선택하실 것입니다."

왕은 왕자가 이런 사람들을 못 보게 해야겠다고 생각했습니다.

"왕자의 주위에 노인과 병자, 그리고 죽음을 뜻하는 모든 것을 접근시키지 마라. 특별히 감시인을 두도록 하여라."

왕은 정원의 시든 꽃마저도 모두 뽑아 버리게 했습니다. 대신 왕자가 사치와 쾌락을 느끼게 했습니다. 그런 덕분인지 왕자는 힘차고 아름다운 젊은이로 성장하게 되었습니다.

무예는 어느 누구도 따라오지 못할 만큼 출중했고 두뇌 역시 유명한 학자들이 따라올 수 없었습니다.

그러던 어느 날이었습니다. 왕은 왕자를 불러 말했습니다.

"왕자도 이제 결혼할 나이가 된 것 같구나. 아름다운 처녀를 골라서 왕자와 맺어 줘야겠다."

곧 왕자는 사촌 누이동생인 야소다라를 부인으로 맞이했습니다. 그리고 왕자가 29세의 생일을 맞을 즈음에 그들은 귀여운 아기의 탄생을 눈앞에 두고 있었습니다.

'모든 일이 순탄하게 풀려 가고 있구나. 점성가들의 예언이 틀린 건지도 몰라. 이제 왕자가 내 뒤를 이어 왕이 될 일만 남았어.'

왕은 모든 것이 자기 뜻대로 되어 가고 있다고 생각했습니다. 그러나 정작 왕자의 마음은 그렇게 즐겁지 못했습니다.

"모든 것이 지루하고 짜증날 뿐이다. 잠시 여행을 가자."

석가모니가 열반한 곳에 세워진 열반상

그리고 왕자는 무작정 궁 밖을 벗어났습니다. 그런데 궁궐을 벗어난 지 얼마 되지도 않아서 깜짝 놀랄 일과 마주쳤습니다.

"저것이 대체 무엇이냐? 인간 같이 보이는데 머리는 하얗고 얼굴엔 주름이 가득하구나. 구부러진 등에 앙상한 뼈마디가 보이고 말이다."

왕자는 노인을 만나게 된 것입니다. 그것은 왕자에게 엄청난 충격을 주었습니다. 아름답고 생동하는 것만 보아 온 왕자는 비로소 인간이 늙고 병든다는 것을 알게 되었습니다. 그것뿐만이 아니었습니다. 왕자는 병든 사람을 보았고, 장례 행렬도 보고 말았습니다.

'나의 사랑하는 사람들도 언젠가는 저렇게 늙고 병들 수밖에 없지 않은가. 인생이란 이런 것일까? 아무도 죽음을 피할 수가 없는 것이구나.'

이것을 깨닫자 왕자는 고통스러웠습니다.

'어떻게 하면 이 고통에서 벗어날 수 있단 말인가.'

이런 생각에 잠겨 있을 때 왕자는 마지막으로 무엇인가를 보았습니다. 그것은 바로 고행자였습니다.

"저자의 표정이 참으로 편안해 보이는구나. 이 세상의 슬픔과도, 즐거움과도 거리가 멀어 보여. 저 사람은 누구냐?"

"왕자님, 저분은 이 어지러운 속세를 떠나서 수행을 하는 고행자입니다."

왕자를 따르던 하인이 대답했습니다. 결국 왕자는 곤다

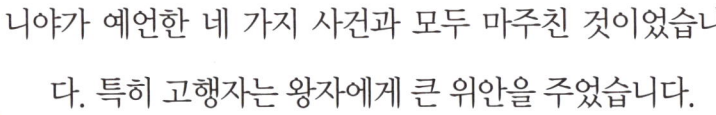

니야가 예언한 네 가지 사건과 모두 마주친 것이었습니다. 특히 고행자는 왕자에게 큰 위안을 주었습니다.

'나도 궁궐을 떠나서 고행자가 되어야겠다. 이 모든 고통에서 벗어날 길을 찾는 거야.'

왕자에게는 사랑하는 아내와 이제 태어난 지 얼마 되지 않은 아들이 있었지만, 어쩔 수 없었습니다.

'지금 이 고민이 해결되지 않으면, 샤키아족 사람들의 행복 역시 장담할 수 없다.'

이렇게 해서 왕자는 몰래 성을 빠져 나왔습니다. 그리고 세속에서 떠난 고행자가 되었습니다. 왕자는 길게 자란 자신의 머리카락을 스스로 잘랐습니다. 그리고 오렌지색의 옷을 입었습니다.

왕자는 곧 자신의 앞날을 예언한 곤다니야를 만나러 갔습니다. 그리고 그와 함께 고생스런 수행을 시작했습니다.

어느 날 곤다니야는 왕자에게 이렇게 충고했습니다.

"먼저 훌륭한 스승을 찾아야 합니다. 이 곳에 아라라 가라마라 불리는 유명한 사람이 있습니다."

왕자 일행은 아라라 밑에서 열심히 공부를 했습니다. 그러나 얼마 지나지 않아 아라라는 왕자에게 말했습니다.

✅ **생로병사(生老病死)**

불교에서 말하는 네 가지의 고통을 말합니다. 즉 태어나고(生), 늙고(老), 병들고(病), 죽는 것(死)이지요.
네 가지의 고통이라 하여 사고(四苦)라고도 합니다.

> **고타마 싯다르타**
>
> 고타마 싯다르타는 석가모니의 어릴 적 이름입니다. 석가모니를 칭하는 이름은 참 많습니다. 석존, 부처님이라는 존칭도 사용하고 붓다라고도 불리며 신도 사이에서는 석가여래와 세존이라는 명칭도 사용한답니다.

"이제 더 이상 가르칠 것이 없소. 왕자는 이제 나와 동등하오. 여기서 나와 함께 제자들을 가르치지 않겠소?"
"전 아직 배워야 할 게 많습니다. 늙고 병들고 죽는 것을 극복할 수 있는 방법을 가르쳐 주십시오."
"말도 안 되는 소리! 그것을 아는 자는 이 세상에 없다오."
그 말에 실망한 왕자는 아라라를 떠날 결심을 했습니다.
'스승의 도움 없이 깨달음을 얻는 수밖에 없겠구나.'
혼자가 된 왕자는 밥을 먹지 않고 나무 열매나 풀뿌리 등만 먹었습니다. 건강하고 늠름했던 왕자는 점점 쇠약해져 갔습니다. 보기에도 안쓰러울 정도로 깡말랐습니다. 이 일들은 물론 각오한 것이었습니다. 육체에 고통을 주는 수행을 하기로 마음먹었으니까요.
'언제쯤 깨달음을 얻을 수 있을까? 고통이 점점 심해지고 있어.'
왕자는 고행을 멈추지 않았고, 그로부터 6년의 세월이 훌쩍 지나갔습니다. 그 때쯤 왕자는 딱 한 가지 깨달은 것이 있었습니다.
"고행으로는 결코 깨달음을 얻을 수 없구나."
왕자는 결국 탈진하여 쓰러지고 말았습니다.
마침 지나가는 사람이 왕자를 발견하고 양치

○ 석가가 처음 설법한 곳(다멕 스투파)

기 집으로 옮겨 보살펴 주었습니다. 왕자는 며칠이 지난 후에 다행스럽게도 건강을 회복할 수 있었습니다. 그리고 그는 함께 고행했던 사람들에게 결심한 것을 말했습니다.

"난 더 이상 고행을 하지 않겠습니다."

"깨달음을 얻기로 맹세한 것을 잊었소? 이제 우리는 당신을 보지 않겠소."

왕자와 함께 고행을 했던 일행은 왕자가 수행을 포기한 줄로만 알고는 실망하여 떠나갔습니다.

결국 왕자는 홀로 남겨지게 되었습니다. 고행을 멈춘 왕자의 몸은 자연스럽게 본래의 황금빛으로 돌아오고 있었습니다.

왕자는 바냔나무 밑에서 홀로 명상을 하고 있었습니다. 그런데 때마침 그 곳을 지나는 여인이 왕자에게 다가와 말했습니다.

"이 우유 죽을 받아 주십시오."

"고맙습니다. 덕분에 기운이 살아났습니다. 머리도 맑아졌고요."

기운을 차린 왕자는 저녁 무렵 보리수를 향하여 걷기 시작했습니다.

'이 곳에서 명상을 하는 것이 좋겠다.'

왕자는 보리수나무 밑에 명상의 자세를 취하고 앉았습니다.
왕자는 전생을 생각했고 사물이 어떻게 살고 또 죽는지 깊이 생각했습니다.
'생, 노, 병, 사 고통의 원인은 과연 무엇일까? 그것은 바로 욕망에서 나오는 것이다. 고통을 초월하기 위해서는 욕망을 버려야 한다.'
왕자의 수행은 계속되었습니다.
그리고 보름날, 만월이 기울어지자 왕자는 드디어 깨달음을 얻었습니다. 붓다가 된 것입니다.
"저기 앉아 있는 분은 보통 사람이 아닌 거 같아. 신인가?"
두 상인은 보리수 밑에 앉아 있는 부처님에게 음식을 공양했습니다. 보리 가루와 벌꿀로 만든 음식이었지요.
공양을 받은 부처님은 자신의 경험을 두 사람에게 이야기해 주었고, 상인들은 부처님 최초의 세속제자, 즉 불교도가 되었습니다. 이 때 부처님의 나이 35세였습니다.

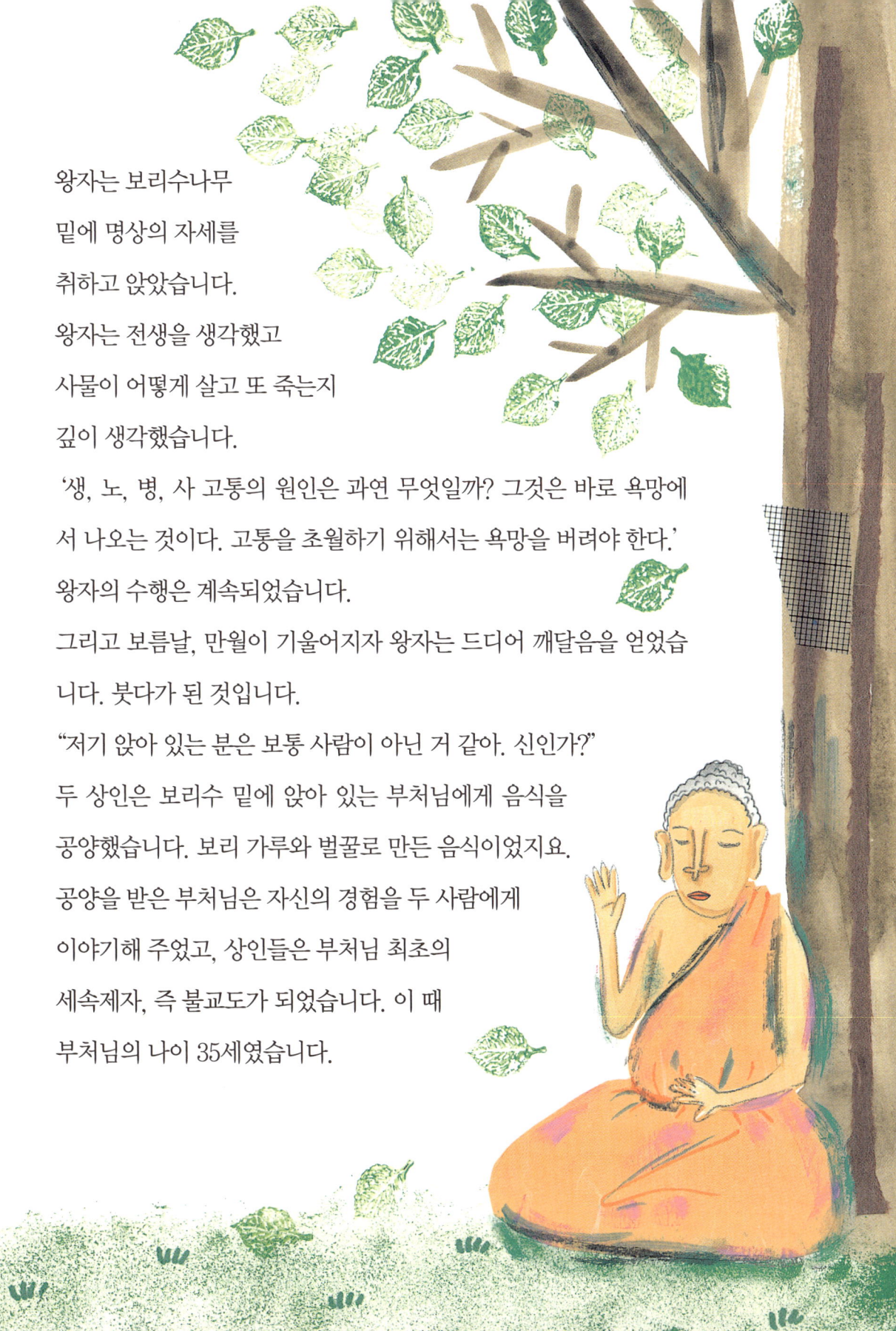

석가모니의 탄생

저기요, 선생님! 이런게 궁금해요

 불교는 어떻게 시작되었을까요?

◐ 석가모니가 깨달은 자리에 세워진 마하보디 사원

인도에는 4가지의 계급이 있습니다. 종교를 지도하는 '바라문' 계급과 '크샤트리아'라는 이름의 왕족 및 무사 계급, '바이샤'라고 불리는 평민 계급, '수드라'라고 불린 노예 계급이 그것입니다.

고대 인도 사회에서는 종교가 정치, 군사보다 더 높은 대우를 받았습니다. 이것은 석가모니가 태어나기 전의 이야기로 그 때의 중은 부처님을 모시는 중들이 아니라 바라문교를 믿는 이들이었습니다.

바라문교의 경전인 〈베다〉에는 사람이 죽은 후에 사람이나 짐승으로 다시 태어난다고 적혀 있습니다. 바라문교도들은 죽은 사람을 땅에 묻지 않고 불에 태웠습니다. 또한 남편이 죽으면 아내도 따라 죽어야 했습니다. 그러나 남자는 아내가 죽으면, 다시 새로운 여자를 얻어 결혼을 했습니다.

아무튼 이런 점에서만 보더라도, 바라문교는 아주 공평치 못한 종교였습니다. 사람은 평등해야 하는데, 오히려 계급을 나눠서 평등하지 않다고 가르쳤던 것입니다. 이런 종교를 마음이 우러나서 따를 사람은 없었습니다. 이 때 나타난 것이 바로 불교였습니다. 불교는 기원전 6백 년쯤에, 인도 가비라 왕국의 왕자, 고타마 싯다르타에 의해 시작된 종교입니다.

고타마 싯다르타는 자기만 행복하게 사는 것이 부끄러웠습니다. 세상의 많은 사람들이 헐벗고 굶주리고 고생하는데 말입니다. 그래서 그는 아버지의 왕국을 떠나 고통스러운 수도 생활을 했습니다. 그는 부다가야의 보리수 아래서 크게 깨달음을 얻어 부처님이 되었습니다. 그리고 그를 따르는 사람들에게 사랑과 자비심을 가르쳤습니다.

그는 정말로 '깨달은 사람', 완전한 부처님이었습니다.

 고타마 싯다르타는 자비로운 분이었어요

싯다르타는 자비심이 많은 사람이었습니다. 그는 함부로 생명을 죽이는 것을 싫어했습니다. 그의 자비심을 알 수 있는 많은 일화 중 하나를 살펴볼까요?

싯다르타가 사촌 동생과 숲 속을 거닐고 있었습니다. 싯다르타의 사촌은 활을 가지고 있었고, 마침 머리 위로는 백조가 날고 있었습니다. 그는 백조를 발견하고는 활을 겨냥하여 쏘았습니다. 백조가 공중에서 떨어지자 싯다르타와 사촌은 백조를 향해 뛰었습니다. 사촌보다 먼저 도착한 싯다르타는 겁에 질려 피를 흘리고 있는 백조를 발견했습니다. 싯다르타는 백조의 날개에 꽂힌 화살을 뽑아 주고는 상처를 치료해 주었습니다. 그러자 뒤늦게 도착한 사촌이 백조를 내놓으라고 했습니다. 그러나 싯다르타는 이를 거절했습니다.

"백조가 죽었으면 너의 것이다. 그러나 백조는 상처를 입었을 따름이야. 생명을 구한 것은 나니까 백조는 나의 것이다."

이 사건은 법정에까지 가게 되었고, 다음과 같은 판결이 나게 되었습니다.

"생명은 그것을 구하고자 하는 자에게 귀속된다. 생명을 빼앗으려는 자는 그것을 요구할 수 없다. 따라서 상처 입은 백조를 가질 권리는 싯다르타 왕자에게 있다."

멋진 판결이지요? 여러분도 싯다르타 왕자와 같이 생명을 소중히 여기는 마음을 가져 보세요.

○ 왕자로 태어난 석가모니가 성 밖을 나가 보통 사람들의 고통을 체험하는 내용을 그린 그림(부분)

 동양 문명의 발상지, 인더스 문명을 알고 싶어요

동양의 거대한 나라 인도는 중국과 함께 동양 문명의 발생에서 빼놓을 수 없는 위치를 차지하는 나라입니다. 인도는 크게 건조한 북부 지역과 평야 지대가 중심인 남부 지역으로 나뉩니다. 인더스 문명은 인더스 강과 갠지스 강이 흐르면서 자연스럽게 경작이 가능해졌던 북부 지역을 따라 발전했습니다. 인더스 강을 따르는 인더스 문명은 모헨조다로와 하라파라는 도시에서 그 위용을 보이지요. 이 도시의 유적들은 바둑판 모양의 도로 사이에 사람이 머물 수 있는 집이 지어진 형태로 보존되어 있습니다. 이 집들은 구운 벽돌을 사용하여 지어져 매우 견고한 것이 특징이었고 배수 시설까지 잘 갖추어져 있었습니다.

이러한 인더스 문명은 히말리야에서 아라비아 해까지 넓게 펼쳐져 있습니다. 이렇게 문명이 넓게 펼쳐져 있었다는 것은 당시 사람들이 활발히 서로의 도시를 오고 갔다는 것을 보여 주는 증거이지요.

인더스 문명은 기원전 1700년경에 사라졌지만 우리는 아직까지 그 정확한 이유를 파악하지 못하고 있답니다.

◐ 인더스 강 유적지에서 발견된 대욕장의 배수로 유적

아리아족의 생활을 알 수 있게 하는 〈베다〉

드라비다족의 인더스 문명이 몰락하면서 아리아족이 인도의 새로운 지배세력이 되었습니다. 건장한 체격의 유목민들인 아리아족은 신과 인간의 이야기, 천지 창조와 아리아족의 역사 등을 기록한 〈베다〉로 자신들의 생활상을 남겼습니다.
〈베다〉는 브라만교의 경전입니다. 하지만 〈베다〉가 처음부터

◐ 인도의 가축의 신 크리슈나

글로 기록된 것은 아니었습니다. 아리아족은 신이 인간에게 전한 메시지인 〈베다〉를 인간의 글로 남기는 것을 금지했기 때문에 처음에는 계속 입에서 입으로만 전해 내려왔습니다. 그리고 아주 오랜 시간 후에 글로 기록되기 시작했지요.

이 당시 상황에 맞게 아리아족 역시 정치와 종교 지도자가 일치하는 정교일치의 원칙이 있었고 왕이 따로 있더라도 종교의 정통성이 있는 종교지도자들이 왕보다 높은 위치를 차지하기도 했습니다. 〈베다〉는 이런 아리아족의 정치와 생활상을 반영하고 있는 귀중한 문화유산입니다.

사람들을 네 가지 분류로 나눈 법, 카스트 제도

우리 나라에 사농공상 계급이 존재했던 것처럼 인도에서도 카스트 제도가 존재하여 사람들을 직업상 네 가지로 분류했습니다.

제1계급은 사제인 브라만, 제2계급은 정치와 군사를 담당했던 크샤트리아, 제3계급은 농업과 상공업을 담당한 평민 계급 바이샤, 제4계급은 노예였던 수드라였습니다.

이러한 카스트 제도는 아리아족이 피정복민을 지배하기 위해서 생겨난 것으로 아리아족의 정통성을 유지하기 위한 목적이기도 했습니다. 그래서 다른 신분의 사람과는 결혼을 절대 허락하지 않았고 교류 또한 하지 않았지요. 힌두교에 깊이 녹아든 카스트 제도는 인간 존엄성의 회복과 사회의 발달에 맞물려 1951년에 법적으로는 완전히 사라졌지만 인도의 현실에서는 여전히 존재하고 있답니다.

◐ 인도에는 이슬람교, 힌두교, 불교 등 다양한 종교가 존재한다. 힌두교 사원

◐ 이슬람 사원(타지마할)

포에니 전쟁

소리 소문 없이 커진 로마 제국이 지배를 계속 넓혀 나가는 가운데 카르타고만은 해군력을 앞세워 로마에 계속 대항했습니다. 해군력이 약했던 로마는 카르타고에 눌려 있을 수밖에 없었지만 우연히 떠내려온 카르타고의 배를 이용하여 새 배를 만들었고 이후 맹렬한 기세로 제차 포에니 전쟁을 승리로 이끌었습니다. 이어 카르타고의 한니발과 로마의 스키피오의 대결에서도 로마가 승리함으로써 포에니 전쟁은 로마의 완승으로 끝이 났습니다.

쇠갈고리 작전

> ☑ **페니키아**
>
> 페니키아는 메소포타미아와 이집트에 근접해 있던 도시 연맹의 형태를 띤 나라입니다. 강국들의 지배를 받은 적도 있으나 기원전 13세기에 큰 번영을 이루었습니다. 페니키아 사람들은 특히 미술에 뛰어난 재능을 가지고 있었고 무역을 통해 공예품 등을 주변의 많은 나라에 퍼뜨리기도 했습니다.

일곱 개의 언덕이 있는 황폐한 땅에 소리 소문 없이 커진 나라가 있었습니다. 바로 로마였습니다.

거대한 제국으로 발돋움하던 로마는 먼저 이웃 라틴 지방을 점령했습니다. 다음으로 북쪽의 에트루리아와 남쪽의 그리스 식민지들을 하나하나 집어삼켰습니다. 그러나 로마는 자기들이 정복한 나라들의 땅을 빼앗지는 않았습니다. 다만 항복을 요구할 뿐이었습니다.

"로마에 항복해라! (말풍선)

"로마에 항복해라. 우리의 말에 복종한다면 너희는 이 땅에서 그대로 살 수 있다."

로마는 일단 항복만 한다면 그 나라의 백성은 물론이고 왕과 신하도 그대로 두었습니다. 이를테면 말 잘 듣는 동맹국으로 삼은 것이지요.

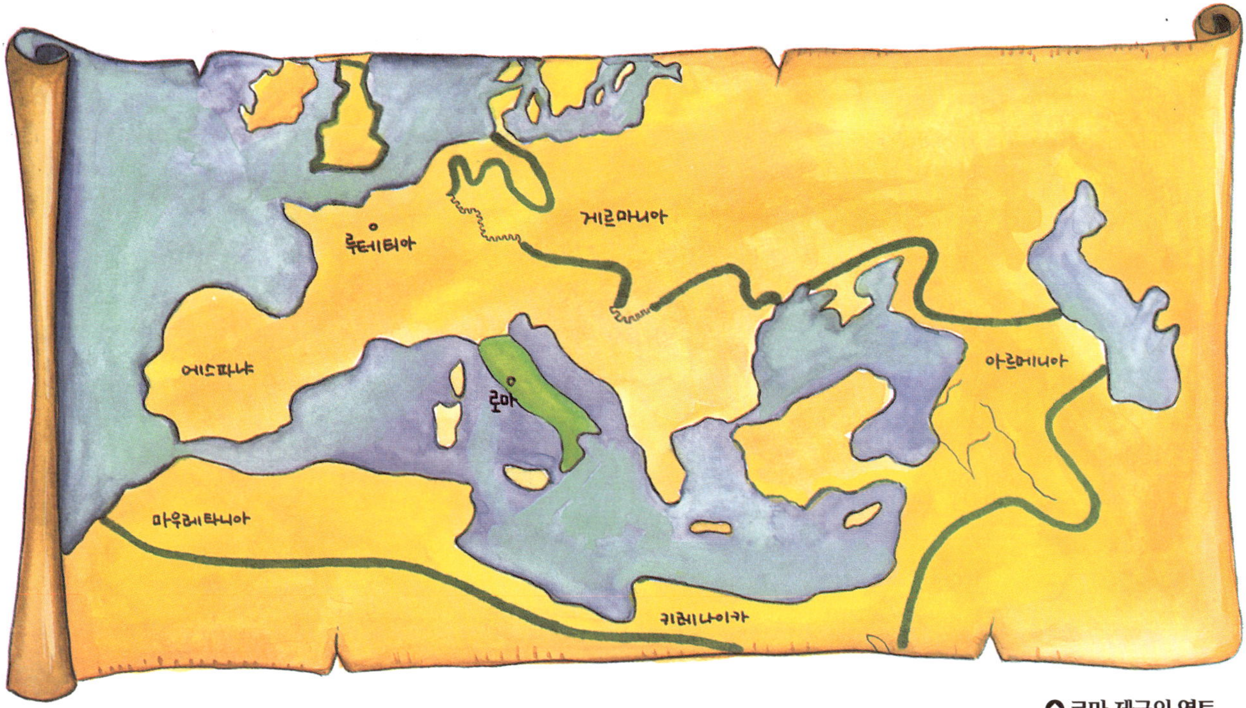

◐ 로마 제국의 영토

이것은 로마에게도 동맹국에게도 여러 장점이 있었습니다. 로마는 점령보다는 동맹을 내세움으로써 자신들의 위치를 보다 정당화시킬 수 있었고 동맹국 또한 마찬가지였습니다. 그러나 모든 나라가 이렇게 로마에 굴복한 것은 아니었습니다.

"우리가 왜 로마 따위의 말을 들어야 하지?"

이런 생각으로 로마에 대항하려는 나라도 적지 않았습니다. 지중해를 가운데 두고 맞서 있는 북아프리카 해안의 강대국 카르타고가 그 대표적인 나라로, 그들은 로마를 그다지 대단하게 평가하지 않았을 뿐더러 로마의 태도도 무척이나 오만하다고 생각했습니다.

"우리 카르타고의 해군력은 세계 제일이다. 로마 같은 나

한니발 장군 ◑

라가 감히 넘볼 나라가 아니야."

카르타고 사람들은 이렇게 자존심이 강했습니다.

기원전 8백 년경에 페니키아 사람들이 건설한 도시 국가 카르타고는 일찍부터 활발한 해상 무역 활동을 통하여 많은 돈을 번 부국이었습니다. 게다가 막강한 해군력으로 지중해 서쪽의 작은 도시 국가들을 지배하고 있는 군사강국이기도 했습니다. 하지만 로마가 주위 나라들을 동맹시키며 점점 더 커 가자 카르타고는 로마를 경계하기 시작했습니다.

'로마가 점점 커지고 있어. 이대로 가다가는 안 되겠군.'

카르타고는 로마가 번성하는 것을 달가워하지 않았습니다. 반면에 로마 사람들은 그런 카르타고가 탐이 났습니다.

'카르타고를 손에 넣을 수 없을까? 세계 최강인 우리 로마가 당연히 카르타고까지 지배해야 해.'

물론 상대를 시샘하고 미워하는 정도는 로마 쪽이 더했습니다. 경제적으로 풍요롭고 해군력까지 강한 카르타고를 지배할 수만 있다면 로마는 한층 더 막강한 제국으로 거듭날 수 있을 것이라 생각했던 것입니다.

'어떻게 싸움을 걸지? 저 카르타고를 혼쭐내 줘야 후련할 것 같은데…….'
이렇게 벼르고 벼르던 로마는 드디어 사소한 시비를 문제삼아 카르타고와 역사 속에 남을 큰 전쟁을 벌였습니다.
바로 포에니 전쟁이 시작된 것입니다.
그런데 카르타고가 지중해 건너편에 있었기 때문에 로마 사람들은 배를 타지 않고서는 쳐들어갈 도리가 없었습니다. 로마와 카르타고의 전쟁은 바다에서의 싸움이 승패를 판가름할 것이었습니다.
하지만 해군력이 약한 로마는 군함도 별로 신통한 게 없었습니다. 그래서 처음에는 군함도 많고 해군도 우수한 카르타고의 상대가 되지 않았습니다. 로마는 우선 바다에서 싸움을 하면서도 능히 버틸 크고 튼튼한 배를 만드는 것이 급선무였습니다.
로마인들은 머리를 짜내고 배를 만들기 시작했습니다.
"우리도 군함을 만들도록 하자. 어서 서둘러라."
로마인들은 부지런히 군함을 만들었습니다. 그런데 로마에서는 카르타고 군함 같은 훌륭한 군함을 만들 수 없었습니다. 튼튼하게 만들고자 하면 배가 너무 무거워지고

가볍고 빠른 배를 만들고자 하면 배가 약해졌습니다. 로마인들은 막막한 벽에 부딪친 것 같았습니다.
'어떻게 만들어야 빠르고 강하며 가벼운 군함이 나오지? 너무 어렵구나.'
로마가 이런 고심에 빠져 있을 때였습니다.
"저길 봐! 웬 배 한 척이 떠밀려 왔어."
어떤 로마 사람이 바닷가에 떠밀려 온 카르타고의 난파선 한 척을 발견하고 외쳤습니다.
"옳지! 이 배를 그대로 본따서 만들면 되겠구나."
이렇게 해서 로마 역시 그럴 듯한 군함을 가질 수 있게 되었습니다. 그런데 로마 사람들은 군함을 만드는 데에서 그치지 않았습니다.
"여기 뱃머리에 쇠갈고리를 매달자."
이것은 굉장한 발명이었습니다.
로마군은 새로 만든 이 군함들을 타고

위풍당당하게 서 있는 카르타고 함대를 향해 진격해 들어갔습니다.
"저건 우리 배랑 비슷하게 생겼잖아? 그런데 뭔가 이상한 게 달려 있어."
카르타고 병사들은 쑤군거렸고, 그 사이 로마의 군함은 카르타고 군함에 가까이 다가갔습니다. 그리고는 쇠갈고리를 던져 카르타고의 군함을 바짝 끌어당겼습니다. 이내 카르타고의 군함이 가까이 끌려오자 로마의 병사들은 일제히 적선의 갑판으로 기어올랐습니다. 그리고 마치 육지에서 싸우는 것처럼 익숙하게 카르타고군을 공격했습니다. 카르타고 병사들은 용맹한 로마군의 공격을 받고 속수무책이었습니다.
"작전이 성공했다. 우리 로마군의 승리야."
강력한 해군의 나라 카르타고는, 로마군의 기발한 전술에 눌려 어이없는 참패를 당하고 말았습니다.
이것이 제1차 포에니 전쟁이었습니다. 이 전쟁은 23년에 걸쳐 이어짐으로써 양 나라에 큰 피해를 가져왔지만 로마는 이 전쟁을 통해 세계 제국으로 발돋움할 수 있게 되었습니다.

알프스를 넘어 로마로

그러나 카르타고는 한 번에 무너질 만큼 약한 나라가 아니었습니다. 그들은 로마에 복수를 다짐했습니다.

"카르타고가 이 정도에 무너질 수 없지. 반드시 이 치욕을 갚아 주마."

카르타고는 바다에서 참패한 경험이 있었기 때문에, 이번에는 육지를 따라 뒤에서 쳐들어가기로 했습니다.

"저에게 이번 일을 맡겨 주십시오."

이 때 한니발이라는 장군이 나섰습니다. 한니발은 전쟁터에서 태어나 전쟁터에서 큰 사람이었습니다. 로마에 대한 적개심도 강했지요.

"모든 힘을 하나로 모아서 로마를 칠 것이다!"

그는 오랜 세월에 걸쳐 군대를 모으고 또 훈련시켰습니다. 무려 보병 5만, 기병 9천, 거기다가 40마리에 가까운 코끼리까지 동원했습니다.

"우린 지중해를 건너지 않는다."

그는 에스파냐로 상륙하여 육로로 행군했습니다. 빙 돌아가야 하는 멀고도 험한 길이었지요. 이윽고 한니발과 병사들은 알프스에 도착했습니다.

"다들 조심하도록 해. 여기서 미끄러지면 죽는다고."

알프스는 여름에도 얼음과 눈이 녹질 않습니다. 또 바위가 많고 낭떠러지도 많아, 한 걸음이라도 발을 잘못 디디면 그것으로 끝장입니다.

하지만 한니발 장군은 험준한 알프스를 넘는 데 성공했습니다.

"저기 알프스 산에 사람이 보이는 거 같지 않아?"

"말도 안 되는 소리, 저 산을 넘을 수 있는 건 날개 달린 새들뿐이야."

"아니야, 저길 봐! 군사들이 몰려오고 있어."

로마 사람들은 자신들이 보는 광경을 믿을 수 없었습니다. 알프스는 아무도 넘을 수 없는 산이라 굳게 믿고 있던 터였습니다.

한니발 장군은 불가능이라 여겨졌던 일을 해 낸 것입니다.

"멀쩡한 대낮에 이게 무슨 날벼락이야."

로마군은 갑자기 쳐들어온 카르타고군으로부터 도망치기 시작했습니다.

로마 사람들은 이러지도 저러지도 못하고 발만 동동 굴렀습니다. 그러나 방법이 아주 없는 것은 아니었습니다.

"공격은 최선의 수비다. 우리는 카르타고를 공격하자."

그것은 참으로 번득이는 아이디어였습니다. 한니발을 비롯한 카르타고의 유능한 장군과 많은 병력이 알프스 전선으로 집중된 탓에 지금 카르타고는 무방비 상태였습니다. 로마는 이것을 노린 것이지요. 로마의 사령관은 스키피오라는 젊은 장군이었습니다. 스키피오의 뛰어난 지혜와 용맹으로 카르타고는 일순간 위기에 처했습니다.

"빨리 가서 한니발을 카르타고로 돌아오라 명하라."

카르타고 시는 함락 직전이었고, 스키피오와 로마군의 사기는 하늘을 찌를 듯이 높았습니다.

"카르타고가 공격을 받았습니다. 빨리 돌아가야 카르타고를 지킬 수 있습니다."

황제의 전령이 한니발에게 말했습니다.

"어쩔 수 없구나……. 카르타고로 방향을 돌려라."

한니발은 카르타고로 돌아와 특전대를 조직하고, 코끼리 80마리를 앞세워 자마 평원으로 달려갔습니다. 젊은 장군 스키피오와 역전의 명장 한니발의 대결이었습니다.

길고 치열한 싸움이 계속되었습니다. 그리고 마침내 한쪽에서 승전을 알리는 나팔 소리가 울려 나왔습니다.

✅ 카르타고

카르타고는 고대 페니키아인들에 의해 만들어진 도시국가입니다. 카르타고는 에스파냐와 아프리카를 잇는 요충지로 해상무역이 활발히 이루어졌으나 결국 포에니 전쟁으로 로마에 의해 멸망했습니다. 그러나 도시 자체는 카이사르에 의해 재건되어 여전히 번성했습니다. 하지만 아라비아인들에게 파괴당한 이후 이제는 묘지와 유적들만 남아 있답니다.

"우리 로마가 이겼다! 드디어 싸움이 끝났다."

승리는 로마 쪽이었습니다. 한니발은 명장이었지만, 카르타고의 병사들이 모두 한니발은 아니었습니다. 이것이 바로 2차 포에니

○ 로마의 병사들

전쟁입니다. 이 전쟁이 시작되어 끝날 때까지 무려 16년이 걸렸습니다. 이 전쟁 후, 카르타고는 흔적도 없이 사라졌습니다. 로마는 도시를 불태우고, 카르타고 땅에선 풀 한 포기도 돋아나지 못하게 소금을 묻었습니다.

이후 로마는 지중해 일대를 완전히 차지했습니다. 그리고 로마는 계속해서 동방으로 세력을 펴 나갔습니다. 로마는 새로운 나라를 정복할 때마다 그들의 식민지로 만들고 로마 총독을 보내 다스리게 했습니다.

"난 로마 시민이야. 고개를 숙이도록 해."

로마 사람들은 자신이 로마 시민으로 태어난 것을 자랑으로 여겼습니다. 식민지 백성들은 로마 사람 앞에서 제대로 고개를 들지 못했습니다.

일찍이 페니키아 호수라고 불리어지던 지중해는 어느덧 '로마의 호수'로 그 주인을 바꾸게 되었습니다.

포에니 전쟁

저기요, 선생님! 이런게 궁금해요

 ### 로마는 어떻게 시작됐을까요?

◐ 이리의 젖을 먹는 로물루스와 레무스

로마는 로물루스라는 사람의 이름에서 따온 도시의 이름입니다.

로물루스에게는 레무스라는 쌍둥이 형제가 있었습니다. 형제는 이리의 젖을 먹고 자랐습니다. 형제는 소년이 되었을 무렵에야 파우스투르라는 사냥꾼에게 발견됐습니다. 그런데 이 둘은 사이가 좋지 않았습니다. 늘 다투고, 한 치도 양보하려 들지 않았지요. 로물루스는 레무스를 죽이고, 일곱 개의 언덕이 있는 황폐한 땅에 도시를 건설하였습니다. 자신의 이름을 따서 도시의 이름을 로마로 정하였지요.

로물루스는 자기가 세운 도시에 백성을 모았습니다. 그리고 이웃 도시의 가난한 사람들과 감옥을 탈출한 죄수들까지도 가리지 않고 받아들였습니다.

당시 로마에는 여자가 아주 귀했습니다. 로물루스는 로마의 청년들에게 아내를 구해 줄 꾀를 생각했습니다. 그래서 이웃 사비니라는 도시에 사람을 보내 그 곳의 시민들을 모두 초대한 후 크게 잔치를 열었습니다. 이튿날, 사비니의 남자들이 술이 깨서 일어나 보니, 여자들이 한 명도 눈에 띄질 않았습니다. 로마의 청년들이 사비니의 여자들을 모두 납치해 간 것이었습니다.

자신의 쌍둥이 형제를 죽이고 세운 나라, 이웃 도시의 죄수들과 여자를 훔쳐서야 나라의 기틀을 이룬 나라가 바로 로마입니다.

로마의 지도자가 두 사람인 이유가 뭐죠?

로마에는 두 계급의 시민들이 살았습니다. 바로 귀족과 평민들이었습니다. 귀족은 대체로 부자였고, 평민들은 가난하게 살았습니다. 귀족은 본인이 원하는 한, 얼마든지 공부할 기회를 가졌습니다. 그러나 평민은 그럴 수가 없었습니다. 평민에게는 투표권도 없었습니다. 시민들은 투표할 권리를 달라고 호소했습니다. 그러나 소문난 독재자 타르키누스 왕은 시민들을 무시했지요. 자신의 이름도 쓰지 못하는 무식한 것들이 무슨 투표냐고 하며 비웃었습니다.

◐ 사투르누스 신전.
농업의 신 사투르누스를 기념하기 위한 신전이었다.

참을 수 없었던 시민들은 마침내 타르키누스 왕을 몰아내 버리고 말았습니다. 왕을 몰아 낸 시민들은, 더 이상 왕이 독재를 할 수 없도록 로마를 왕국에서 공화국으로 바꾸어 버렸습니다. 그들은 당당하게 선거를 통하여 지도자를 뽑았는데 그들이 뽑은 지도자는 놀랍게도 한 사람이 아니라 두 사람이었습니다.

로마 사람들은 지도자가 한 사람일 경우, 그 지도자가 제멋대로 왕 노릇을 할까 봐, 그것을 걱정했던 것입니다. 두 명의 지도자 중 한 사람은, 반드시 평민 가운데 뽑았습니다. 이 지도자를 집정관이라고도 불렀습니다. 그 동안

◐ 로마의 발달된 정치 기관의 하나인 원로원(기원전 6세기)

나라에서 공짜로 주는 빵과, 길거리 광장에서 아무 때나 즐길 수 있는 서커스 구경에 만족하고 살던 힘없는 평민들이, 이제 굉장한 권리를 누릴 수 있게 된 것입니다. 로마가 공화국이 된 후 모든 관직이 평민에게도 허락되었고, 귀족과 평민이 서로 결혼할 수 있는 길도 열렸습니다.

 ## "모든 길이 로마로 통한다."는 말이 무슨 뜻이죠?

로마 사람들이 지중해와 그 주변 세계를 지배하면서 제일 먼저 손댄 것은 길을 닦는 일이었습니다. 로마가 다스리는 식민지들은 제각기 멀리 떨어져 있었습니다. 이를 지배하고 다스리기 위해서라도 길을 닦는 일은 시급했습니다.

땅에 박힌 바위를 적당히 들어 내고, 잡초나 뽑아 내서 만드는 울퉁불퉁한 길이 아니라 마차가 구덩이에 빠지는 일 없이, 또 뒤집히는 사고 없이 안심하고 달릴 수 있는 그런 길이라야 했습니다. 그 때 형편으로 이런 길을 만들기란 어려운 일이었습니다. 그러나 로마 사람들은 아주 훌륭히 해 냈습니다. 잘 다져 고른 땅에 반듯반듯한 바위를 깔고, 그 위에 작은 돌을 덮은 다음, 다시 그 위에 크고 넓적한 블록을 덮고…….

로마 사람들은 곳곳에 이런 길을 수백 리 수천 리나 되게 뚫었습니다. 그리고 로마 시내의 광장과 연결시켰지요. 2천여 년이 지난 지금까지도 그 때의 이 길을 구경할 수 있습니다. 로마 시내 광장에서 시작되어 사방으로 뻗어 나간 길을 말입니다. 정말 "모든 길은 로마로 통한다."라는 말을 실감할 수 있습니다.

○ 로마의 옛 길은 골목길까지 잘 닦여 있었다.

○ 옛 로마의 모습. 지금의 모습과 견주어도 뒤지지 않을 만큼 현대적이다.

상수도 시설이 없던 옛날에는 어떻게 물을 마셨을까요?

오늘날의 우리는 아무 데서든 수도꼭지만 틀면 맑은 물을 얼마든지 마시고 쓸 수 있습니다. 그러나 상수도 시설이 없던 옛날에는 물 한 모금 마시기도 쉽지 않았습니다. 물을 찾아서 샘터나 우물, 아니면 멀리 시냇가까지 나가야 했습니다. 그런데 이런 샘터나 우물은 여럿이 함께 사용하기 때문에 자주 더럽혀졌습니다. 사람들에게 해를 입히기도 했고, 심하면 전염병을 돌게 하기도 했습니다. 그래서 로마 사람들이 생각해 낸 것이 '아퀴아닥트'란 이름의 도수관 시설이었습니다. 오늘날의 상수도와 비슷한 것이었지요.

로마 사람들은 멀리 떨어진 맑은 호수에 여러 개의 파이프를 대었습니다. 돌로 만든 그 파이프를 통하여 시내까지 물을 날라 오는 시설입니다. 만약 도수관이 지나는 곳에 강이나 계곡이 있으면, 거기에 다리를 놓아 관을 연결했다고 합니다. 로마에는 지금까지도 사용되고 있는 그 때의 수도관이 여럿 있습니다.

이런 식으로 상수도 문제를 해결한 로마 사람들은 다시 하수도 시설까지 갖추었습니다. 그들은 더러워진 물을 파이프를 통하여 강 또는 먼 바다로 흘려 보냈습니다. 세계 역사를 통틀어 이만큼 큰 규모로 상·하수도 시설을 동시에 갖춘 나라는 로마가 처음이었습니다.

● 로마 시대의 수도교

중국을 통일한 진시황제

기원전 3세기경, 혼란한 중국 대륙을 진정 시키고 진나라의 왕으로 즉위한 영정은 강력한 집권 정책으로 나라의 기틀을 잡았고 이어 이웃 나라까지 정복함으로써 중국 땅 전체를 처음으로 통일했습니다. 이어 영정은 자신에게 스스로 시황제라 이름 붙이고, 군현제와 도로 정비, 도량형과 화폐 통일 등으로 생활을 안정시켰습니다. 그러나 무리한 만리장성 축조와 불로장생에 대한 집착은 시황제에 대한 원성을 낳게 했고 그가 죽은 후 진나라도 멸망하고 말았습니다.

✓ **흉노족**

기원전 3세기부터 기원후 1세기까지 몽골고원 지대에서 활동했던 유목민족을 말합니다. 훗날 남흉노와 북흉노로 나누어진 흉노는 시대가 지나면서 점점 중국에 흡수되었습니다. 주로 투르크계로 이루어진 흉노족은 부족 연합체였으며 유목과 수렵 생활을 했습니다.

기원전 230년경, 중국에는 일곱 개의 나라가 여러 지역에 흩어져 있었습니다. 그 나라들의 이름은 제나라, 초나라, 연나라, 한나라, 조나라, 위나라, 그리고 진나라였습니다. 이들은 서로 크고 작은 싸움을 벌이며 제각각 세력을 키우기 위해 여러모로 애쓰고 있었습니다.

이 무렵, 진나라에 고작 13살에 불과한 새 왕이 즉위했습니다. 그의 이름은 영정이라 했는데, 주변의 나라들은 이 어린 왕을 매우 얕보았습니다.

"하하! 진나라에 애송이 왕이 등극했다 하니, 이제 진나라를 무너뜨리는 일은 시간문제요."

그러나 정작 일은 안에서 터졌습니다. 영정이 청년의 나이가 되었을 때, 왕실의 측근이던 노애란 자가 왕의 권위가 약한 틈을 타 반란을 일으켰던 것입니다.

그러나 마침 변방을 순찰하던 영정은 당황하지 않았

◐ 중국 고대인들의 생활 모습이 그려진 부조

습니다. 침착하게 측근의 군사를 모으고, 면밀하게 작전을 지시한 뒤, 단숨에 노애의 진영을 급습했습니다.

"반란을 꾀한 노애의 목을 베어라!"

영정의 명령에 따라 군사들은 일사불란하게 움직였고, 그런 덕분에 반란은 곧 평정되었습니다. 이 때 영정은 생각했습니다.

"왕이 강해야 한다. 또한 그러기 위해서는 이웃의 영토를 취하여 나라를 크게 넓혀야 한다. 그래야만 반란도 막을 수 있고, 이웃 나라와의 전쟁에서도 이길 수 있다!"

그리고 영정은 왕권을 노리던 몇몇 신하들까지 제거하고 이웃 나라를 얻을 방법에 골몰했습니다.

이 때, 영리한 신하 중의 하나였던 이사가 아뢰었습니다.

"대왕이시여, 한 나라는 임금과 신하의 사이가 나빠지면 무너지게 됩니다. 기회를 보아 저들의 군신관계를 흐트리고, '원교근공'의 정책을 쓰십시오."

○ 진시황제

원교근공이란, 멀리 있는 나라와 친하게 지내면서 그들의 도움을 얻어, 가까운 나라를 먼저 공격하여 무너뜨린다는 뜻이었습니다.

영정은 곧 이사의 의견을 받아들여 실천하기로 했습니다. 영정은 먼저 몇몇 이웃 나라의 신하들을 매수하여 자기의 편으로 만들었습니다. 또한 동시에 먼 나라의 도움을 얻어 가까운 나라를 공격했습니다. 그로 인해 어떤 나라는 스스로 무너지고, 또 어떤 나라는 갑작스러운 진나라의 공격을 받아 맥도 못 추고 쓰러졌습니다.

그런 교묘한 방법으로 여섯 나라를 공략한 지 10여 년 만에 영정은 여섯 나라 모두를 손아귀에 넣었습니다. 중국 땅 전체를 처음으로 통일하게 되었던 것입니다.

이 때부터 영정은 더욱 큰 욕심을 내게 되었습니다. 영정은 중국 땅 전체를 통일했으니 자신이야말로 '하늘 아래에서 최고' 라는 생각을 하게 되었습니다. 그는 신하들을 불러 모으고 선포했습니다.

"나를 황제로 칭하라!"

그 때부터 영정은 시황제로 불렸습니다.

중국을 통일한 진시 황제 093

시황제는 자신의 손에 의해 통일된 나라가 영구히 지속되기를 바랐습니다. 그리고 자신도 영원히 이 통일 제국의 황제로 남고 싶어했지요.

그런 목표를 이루기 위해서 시황제는 군현제를 실시했습니다. 그것은 나라의 권력이 황제에게로 집중되는 중앙집권제를 위해 꼭 필요한 일이었습니다. 여기에 더하여 시황제는 번거롭더라도 자신이 나라 안팎의 모든 일에 대해 직접 결재를 했습니다.

그러나 철저한 중앙집권 통치는 그것만으로 이루어질 일

✔ **군현제**
전국을 군과 현이라는 단위로 나눈 행정조직을 말합니다. 이 때 시황제는 전국을 36개의 군으로 나누고 그 아래에 현을 두어 중앙정부의 통치를 받도록 했습니다.

◐ 만리장성

이 아니었습니다. 각각 다른 민족들이 섞여 사는 어마어마 하게 넓은 땅을 일사불란하게 통치하려면 기술적으로도 필요한 것이 많았습니다. 이에 시황제는 신하들에게 또다른 명령을 내렸습니다.

"화폐를 통일하고, 한 가지의 문자를 쓰도록 하라! 도량형을 통일하여 세금을 정확히 거두어들이고, 나라의 살림을 빈틈없이 챙기도록 하라!"

뿐만 아니라 시황제는 도로를 정비하여 넓히도록 했습니다. 그것은 나라의 긴요한 연락과 물자 수송을 위해 꼭 필요한 일이었습니다. 아울러 마차 바퀴의 크기까지 통일하도록 했습니다.

그래야만 도로의 폭을 그에 맞게 적절하고 효용성 있게 넓힐 수 있을 것이기 때문이었습니다.

그런 덕분에 진나라의 경제는 눈에 뜨이게

침략에 대비하자!

좋아졌습니다. 생산력이 크게 증대되어 나라의 살림이 풍성해졌고, 백성들의 생활도 안정되어 갔습니다. 그러나 그런 뒤에도 시황제에게는 큰 걱정거리가 하나 있었습니다. 그것은 다름 아닌 흉노족의 침입이었습니다. 흉노족은 보잘것 없는 무리들이었지만 언젠가는 세력을 키워 통일된 진나라를 위협할지도 모를 일이었습니다. 시황제는 측근의 장수 몽염을 불러 명령했습니다.

"흉노족과 다른 이민족의 침략을 막기 위해 북쪽 국경에 대장성을 쌓도록 하라!"

그리고 시황제는 몽염에게 30만 명의 인력을 주었습니다. 이윽고 몽염은 30만의 인원을 이끌고 북으로 달려가 대장성을 쌓기 시작했습니다. 하루도 빠짐없이 공사가 진행되었습니다. 뜨거운 여름에도, 손발이 꽁꽁 얼어붙는 겨울에도 공사는 계속되었습니다. 수없이 많은 사람들이 추위에 얼어 죽었고, 성을 쌓는 돌에 깔려 죽어갔습니다. 그런 이유로 수십 만의 인원이 다시 여러 차례 늘어나, 약 150만

명의 사람들이 만리장성을 쌓는 데 동원되었습니다.

그렇게 하여 10년 만에 어마어마한 만리장성이 완성되었습니다. 그제야 시황제는 한시름 놓을 수 있었습니다.

하지만 또 한 가지의 걱정이 생겨났습니다.

'안타까운 일이로다. 세상을 통일하였으나, 인간의 목숨이 짧아 이런 좋은 세상에 오래 살지 못하는 것이 한이로다!'

그러던 어느 날, 시황제는 서시라는 신하를 불러 말했습니다.

"너는 소년 소녀 3천 명과 보물을 배에 싣고 동해로 떠나라. 그 곳에 가면 절대 늙지 않고 불로장생하는 약초가 있다고 하니 구해 오도록 하라!"

황제의 명령을 받은 서시와 그 일행은 즉시 동쪽으로 떠났습니다. 그러나 몇 년이 지나도록 불로장생의 약초는 구할 수가 없었습니다. 결국 서시와 일행은 도망쳐 버렸습니다.

그래도 시황제는 불로장생의 꿈을 버리지 않았습니다. 시황제는 도술에

◎ 진시황 무덤의 유적들

능통하다는 도사를 불러 물었습니다.
"어떻게 하면 내가 죽지 않고 오래 살 수 있겠는가?"
그러자 도사가 말했습니다.
"신선이 되면 죽지 않습니다. 신선이 되려면 오랫동안 황제폐하의 얼굴을 남에게 보여 주지 말아야 합니다. 남에게 얼굴을 보이면, 잡스러운 기운이 몸에 퍼져 보통 사람과 똑같이 살다가 죽고 말 것입니다."
그 말을 듣고 시황제는 아무도 모르게 어디론가 숨어 버렸습니다. 그리고는 자신이 신선이 되기를 기다렸습니다.
그러나 얼마 뒤 자신의 거처가 알려지고 말았습니다. 그러자 시황제는 노발대발 화를 냈습니다.
"대체 어떤 놈이 내가 있는 곳을 알려 주었더란 말이냐?"
시황제는 스스로 분을 이기지 못하고 주위에 있던 모든 신하들을 단칼에

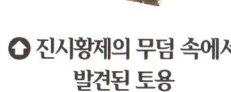
진시황제의 무덤 속에서 발견된 토용

> **분서갱유**
>
> 중국 진시황 시대에 학자를 생매장하고 책을 불살라 버린 사건을 말합니다. 이는 당시의 주된 이념이던 법가와 봉건제를 주장하는 유가의 대립에서 생겨난 것으로 보입니다. 진나라에서 유가는 상당히 위축되어 있었다는 것을 보여 주는 사건이지요.

베어 버리고 말았습니다.

이 일은 곧 많은 백성들과 신하들 사이에 알려졌습니다. 그러자 사람들이 쑤군댔습니다.

"도대체 황제는 백성들을 위하는 법이 없어요."

"그래요. 황제는 나라를 잘못 다스리고 있는 것입니다."

몇몇 학자들이 이런 말을 하며 시황제를 비판하고 있다는 사실이 이사에게 알려졌습니다. 이사는 통일 전부터 시황제를 옆에서 돕던 신하였습니다.

이사는 이 일을 즉시 시황제에게 보고했습니다. 시황제는 다시 한번 크게 노했습니다. 천하를 통일한 황제를 감히 비난한다는 사실을 용납할 수가 없었던 것입니다.

"여봐라! 감히 황제를 비난한 자들을 산 채로 묻어 버리고, 그들이 공부하던 책까지 모조리 불살라 버리도록 하라!"

명령에 따라 많은 신하와 학자들이 생매장을 당했고, 그

○ 진나라 아방궁도(부분)

이전부터 내려오던 많은 책들이 불살라졌습니다. 뒷날의 사람들은 이 사건을 '분서갱유'라 불렀습니다.

그러나 시황제의 욕심은 여기서 그치지 않았습니다. 자신이 죽은 뒤에 들어갈 묘를 미리 파서 진귀한 보물들을 묻어 놓는가 하면, 자신의 끊임없는 욕망을 채우기 위해 아방궁을 짓기도 했습니다.

그러나 시황제는 욕심만큼 오래 살지는 못했습니다. 왕위에 오른 지 37년째 되던 해 10월, 시황제는 마침 지방을 둘러보고 있었습니다. 그러던 황제는 사구 지방에 이르러 갑자기 병이 깊어져 회복하지 못하고 세상을 떠나고 말았습니다.

그런데 이 때, 황제를 호위하던 신하였던 조고가 왕자에게 보내는 유서를 가로채고 옥새를 훔쳐 반란을 일으켰습니다. 그는 첫째 왕자를 죽이고, 황제의 충성스러운 신하 이사의 목을 베었습니다. 그런 뒤 어린 둘째 아들을 왕위에 올려 자신이 뒤에서 나랏일을 조종했습니다.

그러나 그런 일도 오래 가지 못했습니다. 끝내 힘이 약해진 진나라는 통일된 지 15년 만에 멸망하고 말았습니다.

> **만리장성**
>
> 5,000km에 이르는 중국 변방의 성인 만리장성은 진시황 시대에 구축되었습니다. 시황제 시대의 만리장성은 흉노족에 대한 방어가 주목적이었으나 한 무제 때의 연장 및 이후의 연장은 그 외의 이민족인 거란과 돌궐의 방어 목적이었습니다. 만리장성이 지금의 규모로 완성된 것은 15세기 이후라고 알려져 있습니다.

중국을 통일한 진시 황제

처키요, 선생님! 이런게 궁금해요

🤴 중국 최초의 왕조 하나라

중국 최초의 왕조는 바로 하나라입니다. 〈사기〉에 의하면 하 왕조의 시조는 우왕으로 알려져 있습니다. 우왕은 황하의 홍수를 다스린 공으로 순 임금의 뒤를 이어 천자가 되었습니다.

그러나 하나라는 17대 걸왕이 포악한 정치로 민심을 잃은 후 은나라 탕왕에 의해 멸망하고 말았습니다. 하 왕조에 대한 이야기에는 설화적인 요소가 많고, 고고학적으로도 그 존재가 확인되지 않아서 이 왕조를 실재하지 않는 왕조로 보는 설도 있습니다.

⬆ 은나라 시대의 청동그릇

중국의 기틀을 닦은 은나라와 주나라

은나라는 중국 고대의 왕조로 원래는 상왕조라고 불리웁니다. 탕왕이라는 사람이 하나라를 멸하고 은나라를 건국하였지요. 은나라는 초기에 하 왕조의 멸망을 교훈으로 삼고 백성들을 너그러운 마음으로 잘 다스렸습니다. 덕분에 백성들은 평화롭고 풍족한 생활을 할 수 있었습니다. 은나라에서 출토된 갑골문자는 중국 고대 문

⬆ 은나라 말기에서 주나라 초기에 제작된 얼굴 형상의 북

화를 연구하는 귀중한 자료가 되기도 했습니다.

주나라는 은나라의 뒤를 이은 왕조입니다. 주나라의 영토는 매우 넓어서 황제 혼자 다스리기가 어려웠지요. 이 때문에 주나라는 봉건 제도를 실시했습니다. 봉건 제도란 왕의 충성스러운 신하나 친척들에게 땅을 주고 다스리게 하는 것이랍니다. 주나라 시대 중 호경에 도읍이 있던 때를 서주, 낙양으로 도읍을 옮긴 이후를 동주라고 합니다. 이중에서 동주의 전기를 춘추 시대, 후기를 전국 시대라고 하지요.

◐ 동주 시대의 나무 수호상

 ## 진나라가 중국을 처음으로 통일했대요

춘추 전국 시대는 역사가들에 의해 춘추 시대와 전국 시대, 두 시기로 나뉩니다. 춘추 시대는 기원전 770년부터 기원전 476년까지를 말합니다. 동주의 왕권이 약해지면서 제후들은 더 많은 영토를 차지하기 위해 다른 나라의 영토에 침범했고 패권 다툼이 끊이지 않았습니다. 전국 시대는 기원전 475년에서 221년까지를 말합니다. 전국 시대에는 제후국의 수가 크게 줄어 제·연·초·조·위·한·진만이 남았으며, 이들을 전국 칠웅이라고 부릅니다.

◐ 서주 시대의 청동그릇

진나라는 기원전 221년에 한·조·위·초·연·제의 여섯 나라를 멸망시키면서 전국을 통일하였습니다. 진 왕조는 주나라에서 행해졌던 봉건 제도를 폐지하고 중앙집권제도를 실시했습니다. 중앙집권제도란 왕이 자신의 친척이나 아들을 각 주에 봉하던 방식을 버리고, 왕이 관리를 두고 직접 다스리는 방식을 말합니다.

중국을 통일한 진시황은 진나라 발전을 위해 여러 가지 정치를 폈습니다. 또 만리장성을 쌓았고, 문자와 화폐를 통일하였습니다. 하지만 강력한 중앙집권제의 나라 진나라는 기원전 207년, 한나라의 고조 유방에 의해 멸망하고 말았습니다.

유학의 절정기 한나라 시대와 한 무제의 정치

한나라 때를 서한이라고 부르거나 전한이라 부르기도 합니다. 전한 후기에 와서는 외척인 왕망이 황제를 독살하고 왕위에 올랐습니다. 왕망은 국호를 신이라 하였고, 한 왕조는 멸망하게 되었습니다. 하지만 신은 15년 만에 반란 세력에 의해 멸망하고 말았지요. 이 반란 세력 가운데 경제의 자손인 유수(광무제)가 낙양을 수도로 해서 서기 25년, 한 왕실을 재건하게 됩니다. 이를 동한 또는 후한이라고 칭합니다. 한나라 시대는 유학이라는 학문이 절정기를 이룬 시대였습니다.

전한의 전성기를 이끌었던 한 무제는 여러 가지 일들을 했는데 첫째가 왕권강화입니다. 당시 한의 제도는 군국제였습니다. 군국제로써 무제는 강력한 중앙집권을 실시할 수 있었습니다.

둘째는 이민족 정벌입니다. 무제는 변방 침입이 잦았던 흉노를 정벌하고, 한사군을 설치하는 등 나라의 힘을 강성하게 하는 데 많은 신경을 썼습니다.

셋째는 경제 발전입니다. 오랜 전란으로 재정이 악화되었던 한나라는 소금에 전매제도를 도입하며 경제 안정을 꾀하였고 농업의 장려로 나라 경제의 기반을 튼튼히 했습니다.

넷째는 문화 발전입니다. 동방삭이나 동중서 같은 유명한 문인이 바로 이 시대 사람들이었고 사마천 또한 이 시대에 〈사기〉를 완성했답니다.

◐ 한나라 시대의 악사들(목각)

 # 통일국가를 재현한 수와 문화를 크게 발전시킨 당

서기 581년, 북조의 대승상인 양견이 세운 나라가 바로 수나라입니다. 양견이 바로 수 문제이지요. 그는 589년, 남방에 마지막으로 남아 있던 진나라를 공격하여 남북을 통일하게 됩니다. 이렇게 해서 위진 남북조 이래 4백 년의 대분열이 끝나게 되었지요. 하지만 수나라는 문제, 양제, 공제

◐ 당나라 귀족 여인의 모습

의 3대 동안 이어진 짧은 왕조였습니다.
당나라는 서기 618년, 이연이 건국하였습니다. 당나라 초기는 사회·경제가 회복되면서 전성기를 누렸습니다. 수나라에서 전해 준 과거제는 더욱 완전하게 정비되어 실시되었고 국토 역시 수나라 때보다 더욱 확장되었지요. 또한 당나라는 시가 문학이 전성기를 이룬 때였습니다. 이 시기의 시는 산수시와 전쟁을 묘사하는 시가 상당수였습니다. 유명한 시인 이백과 두보가 바로 당나라의 시인이랍니다.

 ## 한족의 나라 송과 이민족의 나라 금

송나라는 서기 960년에 건국되었고, 1279년 원나라에 의해 멸망했습니다. 송은 북송과 남송 두 기간으로 나뉩니다. 금나라에 의해 휘종과 흠종 두 황제가 포로로 잡혀간 1127년 이전을 북송이라고 하고, 그 이후를 남송이라고 합니다. 북송은 통일을 위해 10년간 전쟁을 벌였고, 그 결과 979년, 중원과 남방을 통일했지만 중앙집권화의 무리한 추진으로 국력이 쇠약해졌습니다.
한편 남송 시대는 흠종의 동생인 조구가 1128년 항주에 도읍을 정하면서 열렸습니다. 하지만 남송은 금나라와 굴욕적인 조약을 맺어 금이 영향력 아래 있었습니다.
금나라는 여진족의 아골타라는 사람이 세운 나라입니다. 아골타는 요나라를 공격하고 1115년에 황제의 자리에 올랐습니다. 원래 여진족은 거란족이 세운 요의 지배를 받고 있었지만, 추장인 아골타가 요를 배반하고 제위에 올랐고 금나라의 태조가 되었습니다. 훗날 금나라는 칭기즈칸에 의해 멸망하고 맙니다.

◐ 자금성 입구의 청동거북상

◐ 자금성. 중국 명나라 시대의 궁전

로마가 나를 불렀다

카이사르는 용맹함과 지략으로 무장한 로마의 영웅이었습니다. 갈리아 원정에서 큰 공을 세운 카이사르의 인기가 날로 높아지자 폼페이우스를 비롯한 원로원 대신들은 그를 몰아 낼 계획을 세웠습니다. 그러나 이를 눈치챈 카이사르는 오히려 로마의 주도권을 잡고 계속 주위의 나라들을 정복해 나갔습니다. 그러나 결국 브루투스와 원로원의 손에 살해를 당하고 말았습니다.

⬆ 로마의 병사

로마가 생긴 지 653년이 지난 때에 중요한 인물이 로마에 태어났습니다. 카이사르 또는 줄리어스 시저라는 이름으로 불리는 사람입니다.

카이사르가 아주 젊었을 때의 일입니다. 그 무렵, 지중해에는 해적들이 많았습니다. 그들은 로마 제국의 식민지들이 로마 정부에 바치는 세금이나 보물들을 중간에서 가로채곤 했습니다.

"해적들을 소탕하고 오겠습니다."

용맹한 카이사르는 스스로 나서서 해적들과 싸우다가 도리어 해적들의 포로가 되고 말았습니다.

"로마에 연락해서 우리가 제시한 돈을 가져오면 카이사르를 풀어 주겠다고 해라."

해적들은 요구한 만큼의 돈을 빨리 보내지 않으면 카이사르와 다른 포로들을 모두 죽이겠다고 엄포를 놓았습니다.

그러나 카이사르는 당당하게 소리쳤습니다.
"우리 로마는 해적 따위와 거래를 하지 않는다. 헛수작하지 말고 어서 나를 죽여라."
"흥! 돈이 도착하지 않으면 넌 당연히 죽을 거야. 그러니 재촉하지 말라고."
"만약 로마가 돈으로 나를 구해 내가 살아 돌아간다면, 반드시 너희를 쳐부수러 다시 올 것이다."
그런데 로마에서는 해적들에게 돈을 보냈습니다. 카이사르 같은 유능한 장교를 잃고 싶지 않아서였습니다.
해적들은 약속대로 카이사르를 놓아 주었습니다.
'내가 했던 말을 우습게 들은 모양이군. 약속대로 너희를 가만 두지 않을 테다.'
단단히 결심을 하고 로마로 돌아간 카이사르는, 서둘러 군대를 모아 다시 지중해로 나왔습니다. 그리고 해적들 앞에 맹세한 대로 그들을 깨끗이 소탕했습니다.
그런 뒤 카이사르는 해적을

> **삼두정치**
>
> 세 명의 우두머리가 국가를 지배하는 제도로 로마의 공화정 말기에 두 차례가 이루어졌습니다. 제1차는 카이사르와 폼페이우스, 크라수스를 통해 이루어졌고, 제2차는 안토니우스와 옥타비아누스, 레피두스를 통하여 이루어졌습니다.

소탕한 공로를 인정 받아 식민지를 단속하는 원정군의 대장이 되었습니다.

그 무렵 로마 제국의 많은 식민지들이 반란을 일으키기 시작했습니다. 로마의 지배에서 벗어나기 위한 움직임이었습니다. 로마의 정치가와 장군들이 해야 할 가장 중요한 임무는 식민지를 단속하는 일이었습니다.

카이사르가 처음 출정한 곳은 에스파냐와 에스파냐의 북쪽인 갈리아라는 곳이었습니다. 카이사르는 이 첫 번째 원정에서 큰 공을 세웠습니다. 뿐만 아니라 기원전 55년에는 도버 해협을 건너가 영국을 점령했습니다.

"들었어요? 카이사르가 이번에도 큰 승리를 거뒀어요."

"역시 우리 로마의 영웅입니다. 카이사르의 공이 커요."

카이사르가 로마로 개선해 올 때마다 시민들은 열광하며 그를 환영했습니다.

카이사르의 활약으로 로마 제국의 서부 지방은 완전히 카이사르의 손아귀에 들어온 상태였습니다.

"우리 장군님이 하시는 일이라면 불타는 구덩이 속이라도 쫓아갈 거야."

부하들 역시 카이사르를 하늘처럼 떠받들었습니다.

그런데 카이사르와 같은 시대에 카이사르보다 한층 높은

지위에서 로마를 다스리던 사람이 있었습니다. 폼페이우스라는 이름의 장군이었습니다.

'카이사르의 인기가 날로 높아지는군. 위험한 일이야. 이대로 있으면 안 되겠어.'

폼페이우스는 카이사르가 서부 지방을 원정하고 있을 때 동부 지방을 원정하여 공을 세웠습니다. 사실 그는 카이사르와 평소 가깝게 지내던 사람이었습니다. 그런데 어느 때부터인가 카이사르를 질투하기 시작했습니다.

"폼페이우스 님보다 카이사르 님이 더 훌륭한 거 같아. 공도 많이 세웠고 말이야."

"쉿! 조용히 말해. 누가 들으면 어쩌려고."

폼페이우스는 부하들 중에도 카이사르를 존경하는 사람이 훨씬 많다는 것을 알았습니다. 카이사르를 제거하기로 마음먹은 폼페이우스는 원로원 대신들을 충동질하였습니다.

"카이사르의 힘이 점점 막강해지고 있습니다. 저대로 두면 자기 손에 로마를 쥐려 할 것입니다. 로마는 독재를 허락할 수 없습니다."

원로원 대신들은 폼페이우스의 말에 맞장구를 쳤습니다.

"그렇군요. 당신 말에 일리가 있어요."

그들은 카이사르에게 로마로 돌아오라는 소환 명령을 내

렸습니다. 그리고 갈리아 총독이라는 직책을 빼앗기로 했지요.

카이사르는 모든 것이 폼페이우스의 농간임을 알고 크게 분노했습니다.

'아무리 원로원의 명령이라지만, 이런 명분 없는 명령에 순순히 복종할 수는 없는 일이다.'

카이사르는 군대를 총동원하여 로마로 향했습니다.

"정말 로마로 가실 생각이십니까?"

"우리는 군대를 이끌고 이 강을 건너 로마로 들어갈 것이다."

그런데 참으로 묘한 문제가 카이사르 앞에 놓여 있었습니다. 카이사르가 머물고 있던 갈리아 지방과 로마로 들어가는 국경에는 루비콘 강이라는 큰 강이 흐르고 있었는데, 이 무렵 로마의 법률은 어떤 사람이든 무장한 군대를 이끌고 이 강을 건너는 것을 금지하고 있었습니다. 군대의 힘으로 반란을 일으킬 것을 걱정한 조치였습니다.

"자! 우리 모두 함께 강을 건너자! 폼페이우스와 썩어 빠진 원로원 대신들이 나와 그대들을 불렀다."

원로원의 명령을 무시해 버리기로 결심한 카이사르는 한순간의 망설임도 없었습니다. 부하들은 환호를 하며 카이사르의 의견을 따랐습니다. 카이사르는 마침내 루비콘 강을 건너 로마로 진격했습니다.

"큰일났습니다. 카이사르가 군대를 이끌고 강을 건넜습니다."

"감히 로마의 법률을 어겼단 말인가. 용서할 수 없다."

원로원에서는 카이사르의 소식에 분노했습니다. 하지만 카이사르를 막을 방법이 없었기에 어찌할 바를 몰랐습니다. 그런데 시민들은 로마의 법을 어기고 로마 시에 들이닥친 카이사르를 오히려 환영했습니다.

'빨리 도망치자. 여기 있다가는 목숨이 위태롭다.'

폼페이우스는 그리스 땅으로 허둥지둥 도망쳐 버렸습니다. 카이사르는 도망치는 이들을 추격하지 않았습니다. 그는 먼저 에스파냐에 있던 폼페이우스 편의 군대를 자기 편으로 끌어들였습니다. 그리고 원로원을 호령해서 스스로 로마 제국의 최고 실권자가 되었습니다.

그런 후, 카이사르는 달아난 폼페이우스를 쫓다가 파르살로스 평원에서

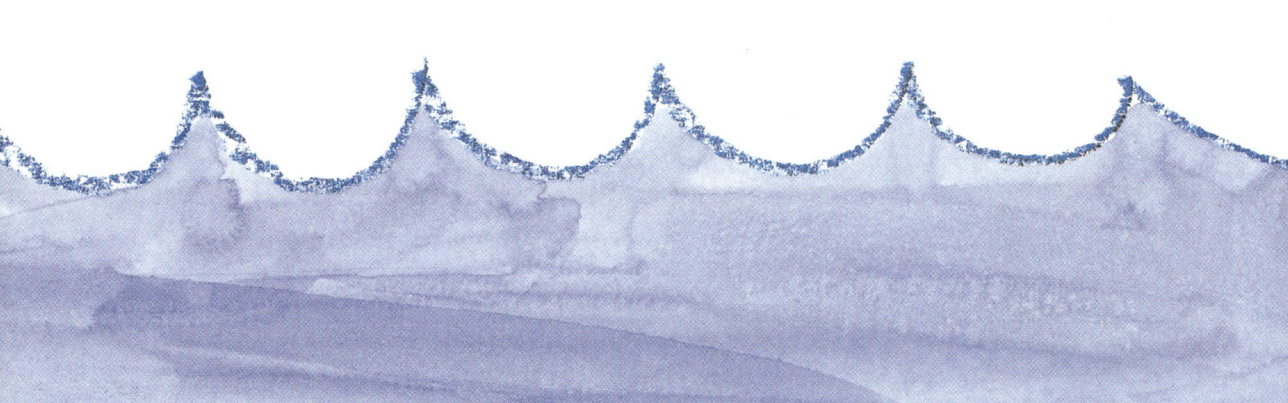

○ 루비콘을 건너는 카이사르

그와 전투를 벌이게 되었습니다. 승리는 카이사르에게 돌아갔고 폼페이우스는 황급히 이집트로 달아났습니다.

"나를 숨겨 주시오. 이 은혜는 크게 보답하겠소."

"물론입니다. 이집트는 폼페이우스 님을 환영합니다."

그러나 이집트 왕은 폼페이우스를 환영하는 척하면서 방심한 사이에 그를 죽였습니다. 이집트 왕은 폼페이우스보다 카이사르가 더 무서웠던 것입니다.

'숨겨 준 걸 알게 되면 카이사르한테 보복을 당할지도 모른다. 폼페이우스를 죽였으니 큰 상을 내리겠지?'

얼마 후, 카이사르는 이집트로 달려갔습니다.

"카이사르 님께 선물을 바칩니다. 저희 이집트의 마음입니다. 부디 받아 주십시오."

이집트는 폼페이우스의 목을 바친 것입니다. 그런데 이집트 쪽의 기대는 완전히 빗나갔습니다. 폼페이우스의 머리를 받아 든 카이사르의 두 눈에서는 눈물

☑ **주사위는 던져졌다!**

원로원과 폼페이우스가 카이사르를 로마로 소환했을 때 군대를 동원하여 루비콘 강을 건너면서 카이사르가 한 말입니다. 지금도 자주 쓰이고 있는 이 말은 돌이킬 수 없는 결론이 이미 났을 때 사용합니다. 이제 결과를 지켜보는 수밖에 없다는 뜻입니다.

가만 두지 않겠다!

이 흘러내렸습니다. 이집트 왕은 너무나 당황했습니다.
'이게 어떻게 된 일이지?'
카이사르는 젖은 눈으로 한동안 이집트 왕을 노려보다가 그대로 발길을 돌렸습니다.
'비열한 놈! 내가 너 따위에게 감사할 줄 알았나? 믿고서 찾아와 살려 달라고 애걸하는 사람을 등 뒤에서 치다니! 두고 봐라. 머지 않아 내가 너를 무찌르고 말 것이다.'
곧 카이사르에게 이집트 왕을 쳐야 할 근사한 명분이 생겼습니다. 그 때 이집트에는 클레오파트라라는 여왕이 있었습니다. 클레오파트라는 이집트 왕의 미움을 받아, 수도인 알렉산드리아에서 멀리 쫓겨나 있었습니다. 클레오파트라 여왕은 더할 수 없이 아름답고 매력적이었습니다. 게다가 총명하기까지 했습니다.
어느 날 클레오파트라가 카이사르를 찾아왔습니다.

이집트의 마음입니다.

◐ 로마의 성벽

"무슨 일로 날 찾아왔소?"

클레오파트라는 자신의 억울한 사정을 호소하며 도움을 청했습니다.

"이집트 왕을 쫓아 내 주십시오."

클레오파트라를 바라보는 카이사르의 가슴은 이상하게도 내내 두근거렸습니다.

'이렇게 아름다운 여인이 있을 수 있다니……. 이런 미인을 위해서라면 목숨을 걸어도 아깝지 않겠다.'

순식간에 카이사르의 마음은 아름다운 클레오파트라의 것이 되었습니다.

카이사르는 기꺼이 군사를 일으켜 알렉산드리아를 쳤습니다. 그리고 카이사르는 사랑하는 클레오파트라를 알렉산드리아의 왕좌에 다시 앉혔습니다.

그런데 바로 그 무렵, 로마 제국의 시리아 지방에서 반란이 일어났습니다.

"클레오파트라, 내가 잠시 이집트를 떠나야겠소."

"꼭 다시 돌아와 주세요."

카이사르는 이집트를 떠나 시리아로

✓ 클레오파트라

우리가 흔히 클레오파트라라고 알고 있는 이 여왕은 클레오파트라 7세로 이집트 프톨레마이오스 왕조의 마지막 여왕입니다. 로마의 두 영웅 카이사르, 안토니우스와의 유대로 혼란 속의 이집트를 다스린 클레오파트라는 단순히 아름다움만 강조되고 있지만 다양한 언어들을 구사하고 외교술도 뛰어났다고 전해집니다.

달려갔습니다. 반란은 오래지 않아 진압되었습니다.
카이사르는 이 승전의 소식을 로마에 알렸습니다.
"카이사르 님으로부터 편지가 도착했습니다."
편지에는 아주 짧은 세 마디가 적혀 있었습니다.

VEN (왔노라)
VIDI (보았노라)
VIEI (이겼노라)

"과연 우리의 카이사르답군."
카이사르가 로마로 돌아왔습니다. 로마 시내는 카이사르를 환영하는 시민들의 함성으로 들끓었습니다.
"우리 로마의 왕이 되어도 대환영입니다."
이렇게 외치는 시민까지 있을 정도였습니다.
그러나 카이사르는 이미 왕이나 다를 바 없는 신분이었습니다. 그는 왕 이상의 권력을 가진, 로마 제국의 최고 실력자였습니다. 그렇기 때문에 이런 카이사르를 시기하는 사람들도 적지 않았습니다.
"소문 들었어요? 글쎄 카이사르가 민중을 무시하고 스스로 황제가 되려고 한대요."

카이사르

✅ 카이사르가 남긴 것

카이사르는 왕과 다름없는 위치에 오른 후 식민지 지배, 간척 사업, 도로 건설 등 여러 가지 사회 정책을 실시했고, 줄리우스력 등을 만들었습니다. 또한 뛰어난 문장 솜씨로 <갈리아 전기>, <내란기> 등 훌륭한 문학 작품을 남기기도 했습니다. 카이사르는 "주사위는 던져졌다", "왔노라, 보았노라, 이겼노라.", "브루투스, 너마저……."와 같은 유명한 말들과 서양 역사의 갖가지 족적들을 남긴 서양 역사상 중요한 인물 중의 하나입니다.

그를 시기하는 사람들은 이상한 소문을 퍼뜨리기도 했습니다. 그런데 이 소문이 전혀 터무니없는 것은 아니었습니다. 카이사르의 부하들 중에는 그의 황제 즉위를 추진하는 사람들도 있었으니까요.

파르살로스 전투의 용장 안토니우스도 은근히 이 일을 부추기는 사람들 중 하나였습니다.

시민들은 차츰 술렁거리기 시작했습니다. 카이사르를 왕으로 모시자고 외치던 사람들조차도 마음이 변하여 입을 다문 채 카이사르와 원로원의 눈치를 살폈습니다. 한편에선 카이사르를 몰아 내기 위한 음모가 진행되었습니다.

"카이사르를 어떻게 몰아 내면 좋겠소?"

"브루투스, 당신이 앞장서시오."

이 일에 앞장선 것은 평소 카이사르로부터 친아들처럼 사랑을 받던 젊은 법무관 브루투스였습니다.

"카이사르 님, 원로원으로 와 주시기를 청합니다."

브루투스는 원로원의 대신들과 짜고 카이사르를 원로원으로 초대했습니다.

"예감이 이상한데요? 카이사르 님, 가지 마십시오."
"내가 가장 아끼는 브루투스가 청한 일이다."
주변 사람들이 카이사르를 말렸지만, 그는 듣지 않고 원로원으로 나갔습니다. 카이사르가 회의실로 들어서자 무장을 한 반역자들이 카이사르를 대번에 포위했습니다.
"이게 무슨 짓이냐!"
눈 깜짝할 사이의 일이었고, 카이사르의 손에는 단검 한 자루조차 들려 있질 않았습니다. 반역자들은 일제히 칼을 들어 카이사르를 찔렀습니다.
무릎을 꿇으며 주저앉는 카이사르의 눈에 단검을 쥔 브루투스의 모습이 보였습니다.
"아! 브루투스! 너마저……."
카이사르는 이렇게 단 한 마디를 외쳤습니다. 그리고 이것이 줄리우스 카이사르의 최후였습니다. 그가 쓰러진 자리는 이집트 왕에게 살해된 친구 폼페이우스, 바로 그의 얼굴이 조각된 대리석 기둥 밑이었습니다.

❍ 폼페이우스

로마의 첫 번째 황제 아우구스투스

카이사르의 죽음에 분개한 시민들은 브루투스 일파를 로마에서 쫓아냈고 이제 로마의 실권은 옥타비아누스와 안토니우스에게 돌아갔습니다. 그러나 안토니우스가 이집트의 여왕 클레오파트라와 연합하면서 로마와 서서히 멀어져 간 반면, 옥타비아누스는 로마의 편에 서서 이집트를 무찌름으로써 거대한 식민지를 획득했습니다. 이후 옥타비아누스는 아우구스투스란 칭호를 얻어 로마의 첫 번째 황제가 되었고 훌륭한 정치로 이름을 남겼습니다.

로마 시민들은 카이사르를 살해한 브루투스 일파에게 박수가 아닌 돌팔매를 보냈습니다. 안토니우스의 웅변과 카이사르의 유언장 내용 때문이었습니다.

내가 가진 모든 재산은 나 자신의 것이 아니라, 로마 시민들의 것이다. 내가 죽은 후 나의 모든 재산을 사랑하는 로마 시민들에게 나눠 주기 바란다. 나 카이사르가 오로지 조국 로마와 로마 시민들을 위하여 살았던 것처럼 일찍이 내가 속해 있던 모든 것들도, 이제 로마 시민의 영원한 행복을 위하여 보람 있게 쓰여져야 할 것이다.

카이사르는 죽기 훨씬 전에 유언장을 만들어 보관했습니다. 그의 죽음과 함께 그 내용이 전 로마 시민들 앞에 공개되었던 것입니다.

"진정으로 로마를 아꼈던 영웅이 사라졌구나."

시민들은 감동했습니다. 그리고 광장 한복판에 말없이 뉘여진 카이사르의 주검을 우러러보며 흐느꼈습니다.

안토니우스의 웅변은 이런 시민들의 감격을 더욱 부채질했습니다.

"신에게서 태어난 사람, 가장 선량하고 용감했던 위대한 로마인이 여기 누워 있습니다. 이제, 로마의 영광은 그와 더불어 사라졌습니다. 여기 상처가 보이십니까? 이것은 바로 배신자의 칼자국입니다."

피묻은 카이사르의 망토를 치켜들며 안토니우스가 감격적인 웅변을 마쳤습니다. 그러자 시민들의 분노는 하늘까지 솟아올랐습니다.

> **안토니우스**
>
> 카이사르의 갈리아 원정 때부터 두각을 나타내기 시작한 안토니우스는 카이사르와 폼페이우스의 내란 때에 카이사르를 크게 도우며 확고한 위치를 차지하게 됩니다. 카이사르의 죽음 이후 동방 원정에 전념한 안토니우스는 막강한 세력으로 디오니소스의 신으로 숭배 받았으나 클레오파트라에게 로마 땅을 나누어 주면서 서서히 로마의 신임을 잃게 됩니다.

❶ 클레오파트라

"브루투스 일당을 용서할 수 없다."
"로마의 배신자들을 처단하자."
이 무렵 브루투스 일행은 은근히 시민들의 박수와 지지를 기대하고 있던 터였습니다. 그런데 로마의 시민들이 웅성거리며 원로원으로 들이닥치자 질겁을 하고 말았습니다.
"이게 무슨 소리지? 내 이름이 들리는 것 같은데……."
브루투스는 로마 시민들이 자신을 욕하는 소리를 듣고는 일당과 함께 달아나 버렸습니다.
얼마 후, 브루투스 일당은 그리스 땅에서 다시 군대를 일으켰습니다. 그러나 오래 버티지 못하고 로마 원정군에 의해서 크게 패하고 말았지요.
"이제 더 이상 물러설 곳이 없구나."
그제야 자신의 잘못을 깨달았지만 돌이킬 수는 없었습니다. 결국 브루투스는 스스로 목숨을 끊고 말았습니다.
로마 제국의 실권은 이제 두 사람에게 돌아갔습니다. 카이사르의 양아들인 옥타비아누스와 안토니우스였습니다.
안토니우스는 일찍이 폼페이우스가 그랬던 것처럼, 로마 제국의 동북 지방을 맡았습니다. 그는 이 지방에서 제일 큰 도시였던 이집트의 알렉산드리아로 갔습니다. 그 곳에는 클레오파트라가 있었지요.

🔼 클레오파트라와 안토니우스가 처음 만나는 장면(프랑켄 그림)

'역시 소문대로 굉장히 아름다운 여인이다.'
안토니우스는 카이사르가 그랬던 것처럼, 이 아름다운 여왕에게 반해 마침내 결혼까지 했습니다.
"그대가 원하는 것이라면 내 무엇이든 내어 줄 수 있다오."
안토니우스는 클레오파트라를 위해서라면 조국을 배반하는 일도 서슴지 않았습니다. 그는 제멋대로 로마 제국의 영토를 잘라서 클레오파트라에게 넘겨 주기도 했습니다.
한편 그런 사실을 알아차린 원로원에서는 이런 안토니우스의 행동에 발끈했습니다.
"뭐야! 로마의 영토를 내어 주다니……. 로마를

○ 악티움 해전

✓ **악티움 해전**

로마의 신임을 잃은 안토니우스와 클레오파트라의 연합군이 옥타비아누스의 연합군과 그리스의 악티움에서 맞붙은 전투입니다. 옥타비아누스의 부장 아그리파의 전술로 안토니우스의 함대는 대패하고 이집트로 도망가게 됩니다.

팽개친 안토니우스를 용서할 수 없다."

원로원은 안토니우스와 클레오파트라를 토벌하기로 결의했습니다. 옥타비아누스가 직접 원정군을 지휘했습니다. 그는 군대를 시리아와 리비아의 두 방면으로 나누었습니다. 이렇게 양쪽에서 안토니우스를 몰아가기 시작했지요. 안토니우스는 곧 위기에 몰렸고 안토니우스 쪽 로마 병사들까지 속속 옥타비아누스 편으로 귀순을 해 왔습니다.

"저희를 옥타비아누스 님의 군대로 받아 주십시오."

이윽고 그리스 서해안의 악티움에서 큰 전투가 벌어졌습니다. 안토니우스도 옥타비아누스도 모두 목숨을 걸고 싸웠습니다. 그러나 승리는 옥타비아누스의 것이었습니다. 악티움 해전에서 크게 패한 안토니우스는 허둥지둥 알렉산드리아로 도망쳐 들어왔습니다.

"더 이상 살 방도가 없단 말인가……."

안토니우스는 결국 스스로 목숨을 끊고 말았습니다.

한편 클레오파트라는 옥타비아누스의 포로가 되었습니다. 그러나 그녀는 옥타비아누스 앞에서도 아주 당당했습니다.

'흥! 남자라면 나의 미모에 넘어올 수밖에 없지. 카이사르도 안토니우스도 모두 나에게 반했잖아? 옥타비아누스도 벌써 나한테 반했을 거야.'
그러나 옥타비아누스는 아주 냉정했습니다.
'클레오파트라, 정말 미인이구나! 하지만 그게 어쨌단 말인가? 나에게 귀중한 것은 오직 로마, 로마뿐이야.'
옥타비아누스는 클레오파트라를 무시했습니다. 클레오파트라는 태어나서 처음 당하는 괄시에 너무 분하고 창피했습니다. 그녀는 끝내 죽기로 결심했습니다.

○ 이집트의 병사들(모형)

"독사를 구해 오도록 하여라."
그녀는 갇혀 있는 방 안에서 시녀에게 명령했습니다. 그리고는 독사로 하여금 자신의 가슴을 물게 했습니다.
이 때, 그녀의 나이는 서른아홉이었으며, 이집트의 여왕으로 영화를 누렸던 기간은 22년이었습니다.
클레오파트라의 죽음으로 로마 제국은 커다란 식민지 이집트를 차지할 수 있었습니다.
옥타비아누스가 로마로 개선하자, 사람들은 그를 황제라고 부르며 환영했습니다. 원로원은 옥타비아누스에게 새로운 칭호를 내렸습니다.

"옥타비아누스에게 아우구스투스라는 칭호를 바칩니다."
아우구스투스란 '가장 존귀한 사람'이라는 뜻입니다.
그러나 옥타비아누스는 황제라는 칭호는 사양했습니다.
'로마 시민은 독재자를 좋아하지 않는다. 나는 오로지 로마를 위해서 최선을 다할 뿐이야.'
그는 비록 왕의 칭호를 사양했지만 그 누가 뭐라 해도 로마 제국의 첫 번째 황제임에는 분명했습니다. 그는 총독이었고 집정관이었으며, 게다가 호민관이라는 직책까지 한 몸에 겸하고 있었습니다. 그러니 황제보다 부족할 게 조금도 없었습니다. 아우구스투스는 로마 제국의 새로운 시대를 열었습니다.
"내가 물려받은 것은 진흙의 더러운 로마였다. 그러나 나

로마의 개선문 ◉

는 맹세하겠다. 나는 진흙이 아닌 대리석의 아름다운 로마를 후대에 물려줄 것이다."

아우구스투스는 이렇게 장담했고, 또 자신의 말을 그대로 실천했습니다.

"로마 시내의 낡은 집을 허물고, 대리석의 건물을 세워 시민들이 사용할 수 있도록 하라."

아우구스투스는 원래 있었던 광장을 더 크고 넓게 개조했습니다. 그 주변에는 재판소를 비롯한 많은 공공 기관들도 세웠습니다. 시장도 광장 한쪽에 있었습니다. 그는 전쟁 승리를 기념하기 위해서 근사한 개선문도 세웠습니다.

"아우구스투스 님 덕분에 로마에서 빛이 나는 거 같아."
"우리가 살기도 정말 좋아졌어."
"늘 우리 로마를 생각하는 지도자야."

로마 시민들은 물론, 로마 제국의 식민지 백성들까지도 그를 진심으로 존경했습니다. 사람들은 아우구스투스가 죽은 뒤에는 그를 위한 신전까지 지었습니다. 달력에까지 그의 이름을 넣어 영원히 그를 기념했을 정도였습니다.

아우구스투스

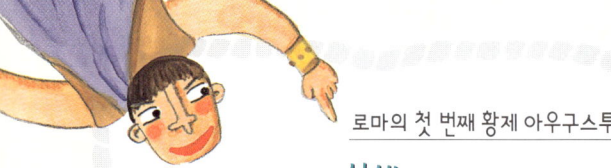

로마의 첫 번째 황제 아우구스투스

판테온 신전 지붕에 구멍이 뚫려 있어요

아우구스투스 시대에 지어진 건물 가운데 가장 아름다운 것은 판테온 신전이었습니다. 그러나 아테네에 세워졌던 파르테논과는 다릅니다. 판테온은 '신들이 사는 집'이란 뜻입니다. 시멘트로 다져 만든 이 건물의 둥근 지붕은 마치 사발을 엎어 놓은 것 같은 모양입니다. 그리고 꼭대기에는 구멍이 하나 뚫려 있습니다.

"비가 오면 구멍으로 비가 새지 않을까요? 그럼 바닥이 물바다가 될 텐데요."

이런 말을 하는 사람들도 있겠지요? 그런데 이런 걱정은 없었답니다. 지붕과 건물 안쪽의 바닥 사이가 까마득하게 높았으니까요. 빗물이 떨어져 내리다가도 중간에 증발해 버려 바닥은 항상 보송보송했다고 합니다.

◐ 판테온 신전과 내부의 구멍

로마의 원형 극장에서는 연극을 상연했나요?

로마에는 커다란 원형 극장 콜로세움이 있었습니다. 콜로세움은 서울 잠실에 있는 올림픽 메인 스타디움과 거의 맞먹는 크기였습니다.

그런데 이 곳의 사용 목적은 연극이 아니었습니다. 여기서는 연극 대신에 끔찍하고 겁나는 경기를 했습니다. 바로 검투사끼리의 싸움이나 짐승들의 싸움이었습니다. 이 싸움에 내보내기 위해서 사자에겐 며칠 동안 먹이를 주지 않았습니다. 노예와 노예를 맞붙여 싸움을 시키기도 했습니다.

어떤 경기에서든, 어느 한쪽이 죽어야 경기가 끝났습니다. 로마 사람들은 경기가 잔인하면 잔인할수록 즐거워했습니다. 참 이상한 취미였습니다. '위대한 로마 시민'임을 뽐내던 로마 사람들의 마음 속에는 이런 잔인함이 감춰져 있었습니다.

↑ 콜로세움의 외부와 내부

 미친 황제 네로와 '철학자' 황제 마르쿠스 아우렐리우스

인류 역사상 가장 지독하고 잔인한 황제로 알려진 로마의 황제 네로. 그는 천성적으로 남을 괴롭히는 일을 즐겨 했습니다. 이를테면 콜로세움의 짐승들을 일부러 굶겨서 사람과 싸우게 하고 그것을 지켜보며 좋아하곤 했지요.

그는 또 기독교를 미워하여, 기독교 신자들의 몸에 콜타르를 칠한 다음 불태워 죽이기도 했습니다. 그 때문에 수천 명의 사람들이 불에 타 숨졌습니다. 그런데 네로는 자신을 천재적인 예술가라고 자부하면서 시를 쓰기도 하고, 노래를 부르며 신하들에게 뽐내기도 했답니다.

어느 날에는 로마 시내에 불을 지르라고 명령하고는 도시가 불타고 사람들이 불타 죽는 모습을 보면서 낄낄거리며 웃기도 했지요. 결국 네로는 성난 군중과 신하들의 반란으로 쫓기다가 제 손으로 목숨을 끊지도 못하고 하녀의 칼에 맞아 숨을 거두었다고 합니다.

◯ 네로 황제

그리스의 철학자 플라톤은 가장 바람직한 나라는 철학자가 다스리는 나라라고 말한 적이 있습니다. 깊고 폭넓게 생각하는 사람이 나라를 다스린다면 훌륭한 정치를 할 수 있을 것이라는 주장이었습니다. 그런데 이 같은 주장이 인류의 역사상 꼭 한 번 실현된 적이 있었습니다.

바로 서기 161년에 로마 제국 황제의 자리에 오른 마르쿠스 아우렐리우스가 철학자였습니다. 그는 바쁜 나랏일 속에서도 틈틈이 떠오르는 생각이나 느낌을 적어 모았습니다. 그것이 오늘날까지 읽혀지는 유명한 『명상록』이라는 책이지요. 마르쿠스 아우렐리우스는 겸손하고 도덕적이었던 스토아 학파의 철학자였습니다. 그는 매사에 욕심을 부리지 않았고, 황제이면서도 호화롭게 살지 않았습니다.

'새벽 잠자리의 그 나른한 행복감에 취하여 일어나기를 망설여서는 안 된다. 게을러빠진 잠꾸러기 사나이가 세상에서 성공한 예를 그대는 보았는가?'

그가 쓴 『명상록』 속에 적혀 있는 구절입니다.

◯ 마르쿠스 아우렐리우스

 ## 8월은 아우구스투스에서, 그럼 다른 달의 이름은 어디서 유래되었죠?

1월(January) 문을 수호하는 신인 야누스(Janus)에서 유래되었습니다. 야누스는 모든 문과 출입구의 신으로 한 해를 연다는 의미에서 그 이름을 딴 것입니다.

2월(February) Februa는 정화하는 의식을 뜻합니다. 고대 로마에서는 2월에 몸과 마음을 정화하고 속죄의 제사를 드리는 의식을 가졌습니다.

3월(March) 로마의 전쟁의 신 마르스(Mars) 유래되었습니다. 이 이름에서 3월(March)과 화성(Mars)이 유래하였습니다. 기원전 2세기경까지 3월이 로마의 첫 달이었습니다.

4월(April) '열리다'라는 뜻의 라틴어 'aperire'에서 유래되었습니다. 대부분의 식물들이 피고 열리는 시기가 4월이기 때문에 이 단어가 쓰였습니다.

5월(May) 대지의 여신 마이아(Maia)의 이름에서 유래되었습니다. 마이아는 5월의 신 머큐리의 어머니이기도 합니다.

6월(June) 결혼과 출산의 여신 주노(Juno)의 이름에서 유래되었습니다. 주노는 그리스 신화의 헤라 여신을 말합니다.

7월(July) 현재의 태양력을 정리한 줄리어스 시저의 이름(Julius)에서 유래되었습니다. 그가 암살된 후 그를 주모하기 위해 기존의 이름에서 이것으로 바꾼 것입니다.

8월(August) 로마 최초의 황제가 된 옥타비아누스, 로마평의회가 이 옥타비아누스에게 내린 칭호인 아우구스투스(Augustus)에서 유래되었습니다.

9월(September) 라틴어인 septem은 7을 의미합니다. 로마 달력에서는 3월이 첫째 달이 되므로 9월이 일곱 번째 달이 되는 것입니다.

10월(October) 라틴어 octo는 8을 의미합니다. 10월은 로마 달력의 8월입니다.

11월(November) 라틴어 novem은 9를 의미합니다. 11월은 로마 달력의 9월입니다.

12월(December) 라틴어 decem은 10을 의미합니다. 12월은 로마 달력의 10월입니다.

위대한 십자가의 승리

예수의 죽음 후, 로마의 박해에도 불구하고 기독교도들은 기하급수적으로 늘어났습니다. 그러던 중 로마의 콘스탄티누스 황제는 갈리아 지방에서 승리를 이끌어 준 십자가를 보게 되면서 기독교인이 되었고 이후 황제의 뜻에 순종한 원로원과 시민들도 서서히 기독교인이 되어 갔습니다. 비잔티움으로 수도를 옮기면서까지 기독교를 전도하려 한 콘스탄티누스 황제의 노력 끝에 결국 테오도시우스 황제 때에 기독교는 로마의 국교가 되었습니다.

그리스도 예수가 십자가에 매달려 죽은 후, 무려 300년이란 긴 세월 동안 그의 제자들과 그를 믿는 신자들은 로마의 지배자들에게 극심한 박해를 받았습니다.

◐ 성 바오로 대성당 천장 모자이크 속의 예수상

"저자를 십자가에 매달거나 사자의 밥이 되게 해요."
기독교도들은 산 채로 불더미에 던져지거나, 돌에 맞아 숨지기도 했습니다. 로마의 지배자들은 골목이며 거리 구석까지 쫓아다니며 기독교도들을 찾아 내 처형했습니다. 이런 박해 때문에 기독교인은 숨어서 지낼 수 밖에 없었습니다.

"이제 모든 기독교인이 사라졌겠지?"

그런데 참으로 이상한 일이었습니다. 순교자들의 수가 늘면 늘수록 기독교 신자들의 수도 자꾸만 늘어갔습니다. 아무리 박해를 하고 아무리 처형을 해도 기독교는 그 위세를 계속 떨치기만 했습니다.

"말도 안 되는 일이다. 기독교인의 숫자가 오히려 늘다니……. 정확하게 센 거야?"

로마 황제와 관리들은 자신들의 눈을 의심했습니다. 그러나 사실이었습니다. 한 사람이 순교를 하면 백 명의 신자가 불어났습니다. 또 열 사람이 순교를 하면 금방 천 명, 2천 명의 신자들의 뒤를 잇겠다고 나섰습니다.

"그리스도를 위하여 죽는 것은 내 생애에 다시 없을 자랑스러운 일이다."

로마 당국은 당황하지 않을 수 없었습니다. 기독교인들은 '이 세상 다음에 오는 세상'을 굳게 믿었습니다. 그리스도를 위해 죽는다는 것은 바로 그런 세상에 한 걸음 앞서 가는 일이라고 생각했지요.

"도대체 이들이 믿는 신은 어떤 자란 말인가……."

> ✓ **삼위일체설**
> 그리스도교의 기본적인 교의로 하나님인 성부, 하나님의 아들 예수인 성자, 그리고 성신은 하나이며 유일하다는 교리입니다. 325년 니케아 종교 회의에서 교회의 정통신조로 공인되었습니다.

"나도 기독교 신자가 되겠어!"

> ✓ **콘스탄티누스 1세**
>
> 콘스탄티누스 1세는 그리스도교 신앙을 공인한 로마 황제입니다. 그리스도교 신자가 된 콘스탄티누스 1세는 밀라노 칙령으로 신앙의 자유를 인정하였으며 니케아 종교회의 개최 등으로 교회의 일에 적극 관여하였습니다. 또한 비잔티움에 그리스도교적 도시 콘스탄티노플을 건설한 것으로도 크게 알려져 있습니다.

로마는 교인들이 목숨을 던지면서까지 믿고 따르는 신에 대한 두려움이 생겼습니다. 그것은 말로 표현할 수 없는, 알 수 없는 두려움이었습니다.

바로 이럴 즈음, 아주 신비한 일이 한 가지 일어났습니다.

"콘스탄티누스 님, 저기 뭔가 빛나는 게 보입니다."

서기 312년, 당시의 로마 황제 콘스탄티누스가 갈리아 지방에 원정을 나가 적군과 싸우고 있을 때였습니다.

해가 약간 서쪽으로 기울어 있을 무렵, 그는 하늘 한쪽으로부터 다가오는 불기둥 같은 것을 보았습니다.

"저게 뭐지? 눈이 부시구나."

그것은 번쩍번쩍 빛을 내는 커다란 십자가 모양을 하고 있었습니다.

"저 불기둥 아래에 뭔가가 적혀 있는데요?"

십자가 아래엔 글자가 찍혀져 있었습니다.

이 십자(+)의 기호로써 적을 정복하라.

그는 그 기호를 얼른 알아차렸습니다. 콘스탄티누스는 너무나도 놀랍고 두려워 한동안 몸을 떨었습니다. 그토록 박해했던 기독교의 표식인 십자가가 무언가 의미

(신이 지금 나를 도우려 한다!)

있는 메시지를 그에게 전달하려 하고 있는 것이었습니다.

"지금 이게 꿈은 아니겠지? 너희들의 눈에도 저것이 분명히 보이지?"

"네, 저희에게도 분명히 보입니다."

○ 아기 예수에 경배하는 콘스탄티누스 1세와 유스티니아누스 1세 (성 소피아 성당)

더 이상 의심할 수 없는 사실이었습니다.

'그렇다, 저건 분명 기독교의 신이다! 그리고 그 신이 지금 나를 도우려 한다.'

그는 곧 군대를 뒤로 물리고, 병사들로 하여금 각자 하나씩 십자가를 만들게 했습니다.

"지금 만든 십자가를 모두 하나씩 들거라. 우리는 이것을 들고 싸움터로 향한다."

다음 날, 십자가를 든 병사들은 싸움터로 나아갔습니다. 그런데 신기하게도 싸움은 너무나 쉽게 끝났습니다.

"이것은 십자가의 힘이다. 놀라운 힘이로구나."

콘스탄티누스 황제는 세상에 태어나 처음으로 경험하는 신비한 감동을 느끼며 로마로 개선했습니다.

"기독교 탄압을 지금 즉시 중지하라. 나도 이제부터 기독

✓ **밀라노 칙령**

로마의 콘스탄티누스 1세가 그리스도교에 대한 신앙의 자유를 처음으로 공인한 칙령입니다. 심한 박해를 받던 그리스도교는 이 칙령으로써 크게 발전할 수 있게 되었습니다. 밀라노 칙령은 자유로운 종교의 선택 및 교회에 대한 재산 환원을 내용으로 하였습니다.

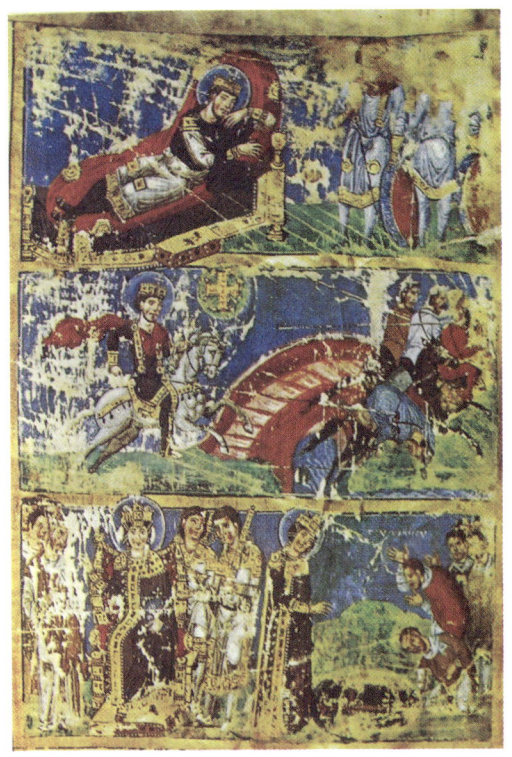

◐ 콘스탄티누스 황제의 일생을 그린 그림
위부터 기독교로 개종 - 갈리아 전투 - 십자가를
발견한 모습

기독교 박해
하지 마!

교인에 되겠다."

로마의 원로원도 황제의 뜻에 순종했습니다. 그리고 로마 시민들에게 기독교 신자가 될 것을 권했습니다.

"로마의 시민들이여. 하나님을 믿으십시오. 그분만이 유일한 신입니다."

그 중 콘스탄티누스 황제의 어머니 헬레나는 어느 누구보다 열성적이었습니다.

헬레나는 예수가 태어난 베들레헴에 큰 교회당까지 세웠습니다. 콘스탄티누스 황제도 베드로가 십자가에 매달려 죽은 자리에 교회당을 세웠습니다.

"기독교를 박해하는 지방에 군대를 보내도록 하여라."

황제는 신자들의 전도 사업을 적극 후원했습니다. 또한 기독교를 박해하는 지방에는 직접 군대를 끌고 나가 무력으로 이를 억제시키기도 했습니다.

"앞으로 로마 땅에서 기독교 신자가 박해 받는 일은 결코 없을 것이다."

그는 기독교가 로마의 국교가 될 수 있도록 굳건하게 기초를 다졌습니다.

"지금까지 로마에서 믿어 오던 신들은 모두가 거짓이며 이 땅에서 사라져야 할 것이다."

로마는 어느덧 '한 분의 하나님'만을 믿는 독실한 기독교 나라가 되었습니다.

300년 동안이나 박해를 받아 오던 기독교 신자들의 얼굴에는 웃음이 가득했습니다. 또한 콘스탄티누스 황제는 일요일을 '안식일'로 정하여 하루를 쉬게끔 하였습니다.

'로마 제국의 동쪽에는 아직 기독교가 전해지지 않았다. 하루 속히 기독교를 정착시켜야지.'

◐ 콘스탄티누스 황제가 그려진 동전

이를 위해 콘스탄티누스 황제는 새로운 결심을 했습니다.

"우리의 수도를 비잔티움으로 옮긴다."

콘스탄티누스 황제는 다른 로마 황제들처럼 자신을 신의 아들이라 속이지 않았습니다. 또한 자신을 신으로 받들어 달라고 백성들에게 강요하지 않았습니다. 그는 다만 하나님의 충실한 사도로서, 이 세상의 황제로서 만족했습니다.

결국 기독교는 서기 392년에 로마의 국교로 확정되었습니다. 테오도시우스 황제 때의 일입니다.

✓ **비잔티움**

기원전 7세기경에 메가라 왕국의 수도였던 비잔티움은 그리스에 정복되면서 이 이름을 갖게 됩니다. 콘스탄티누스 1세가 로마 제국의 수도로 정한 뒤 콘스탄티노플로 개칭되었습니다. 이후 동로마 제국의 수도를 거쳐 오스만투르크의 수도가 되어 이스탄불로 다시 개칭되었습니다.

위대한 십자가의 승리

저기요, 선생님! 이런게 궁금해요

거대한 로마 제국과 위대한 유대인

로마 제국은 아우구스투스 이후에도 끊임없는 전투로 수많은 땅을 얻었습니다. 그리하여 그들은 그 유례를 찾아볼 수 없을 만큼 강력한 왕국이 되어 갔지요. 로마 제국은 가깝게는 에스파냐와 갈리아를 비롯해 갈릴리까지, 멀게는 소아시아에서 더 먼 동방의 세계까지 뻗어 나갔습니다. 하지만 그들에게 나라와 땅을 빼앗기고 절망의 통곡을 해야 했던 민족들도 수없이 많았습니다.

유대 민족도 그 중 하나였습니다. 다만 이들이 다른 민족과 다른 점은 굳은 신앙심이었지요. 그들은 하나님이 구세주를 보내어 고통 받는 유대 민족을 구해 준다는 믿음을 잃지 않았습니다. 그 구세주의 이름은 바로 예수였습니다.

예수는 어렸을 때는 평범한 청년인 듯 지내다가 스스로 하나님의 외아들임을 선포한 후 3년 동안 유대인의 신앙으로 지켜졌지요. 모든 유대인들은 그를 따랐고, 로마인들은 이에 당황하여 급기야 예수와 유대인을 학대하기 시작했습니다. 로마의 수많은 율법학자들은 그를 가짜 구세주라 손가락질하며 죽여야 한다고 말했고, 이윽고 로마인 총독 빌라도는 예수를 십자가에 매달아 처형했습니다. 예수가 마지막 생을 마친 곳은 '비바람치는 해골의 언덕' 이라 불리는 골고다였습니다.

◑ 골고다 언덕으로 오르던 예수님이 쓰러진 곳에 세워진 교회의 문

◐ 예수의 일생을 그린 어둠의 교회 내부 벽화

 ## 예수는 무슨 죄로 죽었지요?

세상에 태어나, 전혀 죄를 짓지 않고 살았다고 일컬어지는 단 한 사람이 바로 예수입니다.

예수는 사람들에게 '천국'을 가르쳤습니다. 사람이 죽은 후에는 다른 세상에서 다시 살게 될 것이라 하였지요. 지금의 삶은 다른 세상의 행복한 삶을 위한 준비에 지나지 않는다는 말이었습니다. 오래도록 억눌려서 가난하게 지내던 유대인들은, 예수를 구세주로 확신하였습니다. 그러나 그의 말은 현실 세계에서 당장 이루어지는 내용들이 아니었습니다. 이에 실망하는 사람들이 많았지요. 예수를 시기하던 제사장들과 율법학자들은 예수를 죽여야 한다고 떠들었습니다.

빌라도는 예수를 죽이기까지 해야 할 이유가 머릿속에 떠오르지 않았습니다. 하지만 시기하는 사람들의 말을 들어주기로 했습니다. 빌라도는 예수에게 십자가 사형의 판결을 내렸습니다.

열두 명의 제자 중에 유다라는 사람의 배신으로 예수는 붙잡혔습니다. 예수는 유다가 배신할 줄을 미리 알고 있었지만 피하지 않고 운명을 받아들였습니다.

 ## 순교자가 뭐죠?

순교자란 예수 그리스도를 위하여 죽은 사람을 말합니다. 기독교 최초의 순교자는 바로 스데반이라는 사람입니다.

로마 사람들은 기독교 신자들이 새로운 제국을 세우려 한다고 생각했습니다. 그래서 그들은 기독교인들을 탄압했습니다. 로마의 시민권을 가진 사울이라는 유대인이 가장 앞장서서 기독교 신자를 괴롭혔습니다. 그는 결국 스데반이라는 신자를 잡아서 죽였지요.

◐ 예루살렘의 사원

○ 사울의 개종(미켈란젤로, 바티칸 파올리나 성당 천장에 그려진 성화)

그런데 스데반과 사울의 인연은 참 이상했습니다. 왜냐하면 기독교 신자였던 스데반을 죽인 사울이 그로부터 얼마 후, 스스로 기독교인이 되었기 때문입니다. 그 역시 순교자가 되었습니다. 그는 안티오키아 지방을 중심으로 멀리 소아시아와 키프로스 지방에까지 그리스도의 복음을 전파했습니다. 그리고는 마침내 로마에 붙잡혀 가서 감옥에서 죽었습니다.

베드로와 함께 초기 기독교 교회를 이끌었던 바울이 바로 이 사람, 사울입니다. 그는 죽어서 성인으로 받들어졌습니다.

○ 카타콤. 기독교 박해 시대 때 숨어서 예배를 드리던 곳

슬픈 이름의 유적 '통곡의 벽'

예루살렘의 유대인들은, 로마의 지배로부터 벗어나기 위해 반란을 일으켰습니다. 당시 로마의 황제 베스파시아누스는 아들 티투스를 보내 이들을 물리치게 했습니다. 꼬박 다섯 달 동안의 싸움이었습니다. 그러나 유대인들은 전쟁으로 단련된 로마군을 당해 낼 수 없었습니다. 예루살렘의 성벽은 모두 허물어졌고, 성당도 건물도 모두 불타 버렸습니다. 이 전쟁에서 죽은 유대인은 백만 명을 훨씬 넘었습니다.

유대인들은 예루살렘에서 모두 추방되어, 곳곳으로 흩어져 살았습니다. 다만 1년에 한 차례씩, 그것도 로마 당국이 허락한 날짜에만 고향을 방문할 수 있었습니다. 지금도 예루살렘의 성벽 한쪽에는 '통곡의 벽'이라는 슬픈 이름의 유적이 남아 있습니다. 이 곳은 그 때 예루살렘을 찾았던 유대인들이 하나님께 기도를 드리던 장소입니다.

○ 통곡의 벽

 로마 제국의 분리와 게르만 민족의 등장

테오도시우스 황제가 죽은 뒤, 로마 제국은 두 개의 로마로 갈라졌습니다. 원래의 로마를 수도로 한 서로마 제국과 콘스탄티노플을 수도로 한 동로마 제국이, 광대한 로마 제국의 영토를 나누어 다스리게 되었습니다.

그런데 이럴 즈음, 뜻하지 않았던 일이 생겼습니다.

"노란 머리에 푸른 눈을 가진 야만인들이 쳐들어왔습니다."

이들은 게르만족이라고 불려지는 야만인들이었습니다.

게르만족은 가끔씩 국경을 넘어 로마 제국의 영토를 침범해 왔었기 때문에, 로마 사람들에게 꽤 낯익은 종족이었습니

○ 게르만족과 로마군의 싸움을 그린 부조

다. 이들은 성질이 거칠고 사납기로 소문난 무법자들이었습니다. 이들에겐 왕도 없었고, 다만 부족을 거느리는 추장들만 있었습니다. 추장은 힘세고 용감한 사람들 중에서 뽑았습니다. 그러나 이번에는 사소한 침범이 아니었습니다.

게르만의 여러 부족이 한데 뭉쳐서 '민족의 대이동'을 시작한 것입니다. 이들은 로마 영토로 밀려들었습니다. 그들은 로마 시에 들어가 시민들을 함부로 죽이고, 시민들의 재산을 마구 빼앗거나 불태워 버렸습니다. 로마 시의 아름다운 건물 대부분이 그들의 손에 파괴되었습니다. 로마 멸망의 전조가 보이기 시작한 것입니다.

로마는 어떻게 멸망했나요?

시인 호라티우스는 "로마는 스스로의 힘으로 무너지리라."고 노래했습니다. 게르만족의 침입이나 한니발에 의해서가 아니라 스스로의 타락으로 멸망하리라는 예언이었습니다.

이것은 로마 제국의 축소판이라고 할 수 있는 폼페이라는 마을을 보아도 알 수 있습니다. 영국의 리튼이 쓴 『폼페이 최후의 날』이라는 작품은 이렇게 전합니다. 당시 폼페이에 살았던 사람들은 몹시 사치스럽고 난잡한 생활을 했다고 말입니다. 매일같이 계속되는 떠들썩한 잔치, 우유로 목욕하는 귀족 부인들이 폼페이에 있었습니다. 그리고 짐승을 다루듯이 노예를 부리는 부자들이 살았지요. 멸망하기 직전의 바빌론 사람들이 그랬던 것과 같은 생활 모습이었습니다.

사라진 도시 폼페이는 어떻게 발견됐나요?

이탈리아에 베수비오라는 화산이 있었습니다. 화산의 기슭에 폼페이라는 작은 마을이 있었지요. 이 곳은 로마의 귀족이나 부자들의 별장이 많이 몰려 있는 마을이었습니다.

예루살렘을 정복했던 티투스가 황제로 있던 시절, 정확히 말해서 서기 79년의 어느 날, 갑자기 베수비오 화산이 폭발했습니다. 미처 피난할 겨를도 없었지요. 시뻘건 불덩이와 끓는 용암이 폼페이 전체를 덮어 버렸습니다. 폼페이는 흔적도 찾을 수 없이 잿더미 속에 파묻혔습니다.

세월이 지남에 따라 도시는 사람들의 기억에서 지워져 버렸습니다. 훗날, 폼페이가 있던 자리에 새로운 도시가 들어섰습니다. 그리고 거의 2천 년이라는 세월이 흘렀습니다.

바로 오래되지 않은 일이지요. 어떤 사람이 우물을 파다가 무언가를 발견했습니다. 오래 전에 만들어진 것으로 보이는 돌조각품 하나였습니다. 그는 이것을 마을 사람들에게 돌려 보이고, 대대적인 발굴 작업을 벌였습니다. 파면 팔수록 더 많은, 굉장한 유물들이 쏟아져 나왔습니다. 고고학자들과 기술자들도 많이 모여들었습니다. 2천 년 전에 사라졌던 폼페이 마을이, 다시 햇빛 속에 드러난 것입니다.

◎ 폼페이의 사라진 유적지들

쫓기면서 쳐들어온 정복자들

게르만족의 서북 아시아 지방에는 훈족이 살았습니다. 동방 역사에서는 이들을 흉노족이라고 부르는데, 바로 이들이 게르만족을 남쪽으로 쫓아 낸 것입니다. 제일 먼저 쫓겨 간 것은 게르만의 한 부족인 서고트족입니다.

◎ 게르만족의 배

그들은 다뉴브 강을 건너, 로마 시가 있는 이탈리아 반도로 내려왔습니다.
그리고 그 뒤를 이어 게르만의 다른 부족들도 쳐들어왔습니다.
이탈리아에는 서고트족과 함께 동고트족이, 북부 갈리아 지방에는
프랑크족과 반달족이 자리잡았습니다. 또한 영국에는 앵글과
색슨의 두 부족이 밀려와 자리를 잡았습니다.
앵글과 색슨, 두 부족에 의해서 정복된 땅은 뒷날 잉글랜드
라는 이름으로 불리어졌고, 이것이 곧 오늘날의 영국입니다.
프랑크족이 정복한 갈리아는 뒷날 프랑스가 되었습니다.

게르만족의 장검

유스티니아누스 황제와 신하들

 ## '잠자지 않는 황제'가 있어요

게르만의 침략에 아랑곳없이, 여전히 꿋꿋한 나라가 있었습니다. 바로 동로마 제국이었지요. 겁 없고 사납기로 소문난 게르만의 왕들도 동로마 제국에 대해서만은 늘 고분고분했습니다. 유스티니아누스 황제가 제국을 다스리던 시대에는 특히 더 그랬습니다.

유스티니아누스 황제는 가난한 농부의 아들로 태어나 뒷날 황제가 된 사람이었습니다. 그는 부지런하고 성실한 황제였습니다. '잠자지 않는 황제'라는 별명까지 붙었을 정도였지요.

그는 게르만족에 의해서 짓밟힌 로마 제국의 명예를 되찾기 위해 군대를 일으켰습니다. 유스티아누스 황제는 로마 제국 군대의 단결된 힘으로 서부 지중해 일대를 손에 넣었습니다. 그리하여 지중해는 다시 '로마의 호수'가 되었습니다.

유스티니아누스 황제는 대로마 제국이 쇠퇴한 원인을, 법의 문란과 질서 없는 생활 태도에서 찾았습니다. 그래서 새로운 법을 만들어 책으로 묶었습니다. 바로 〈유스티니아누스 법전〉 또는 〈로마 대법전〉이라고 불려지는 훌륭한 법률집입니다.

로마대법전

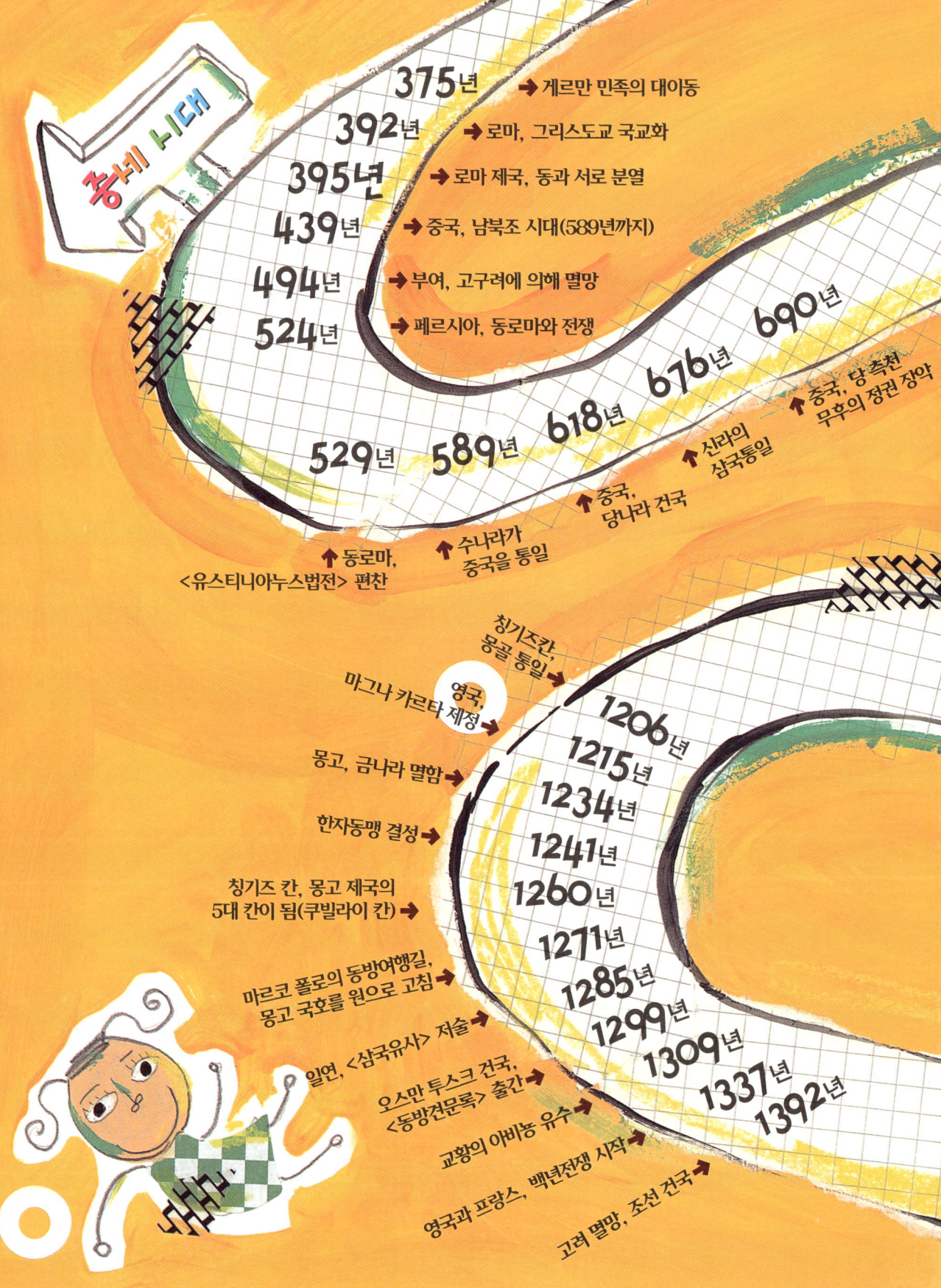

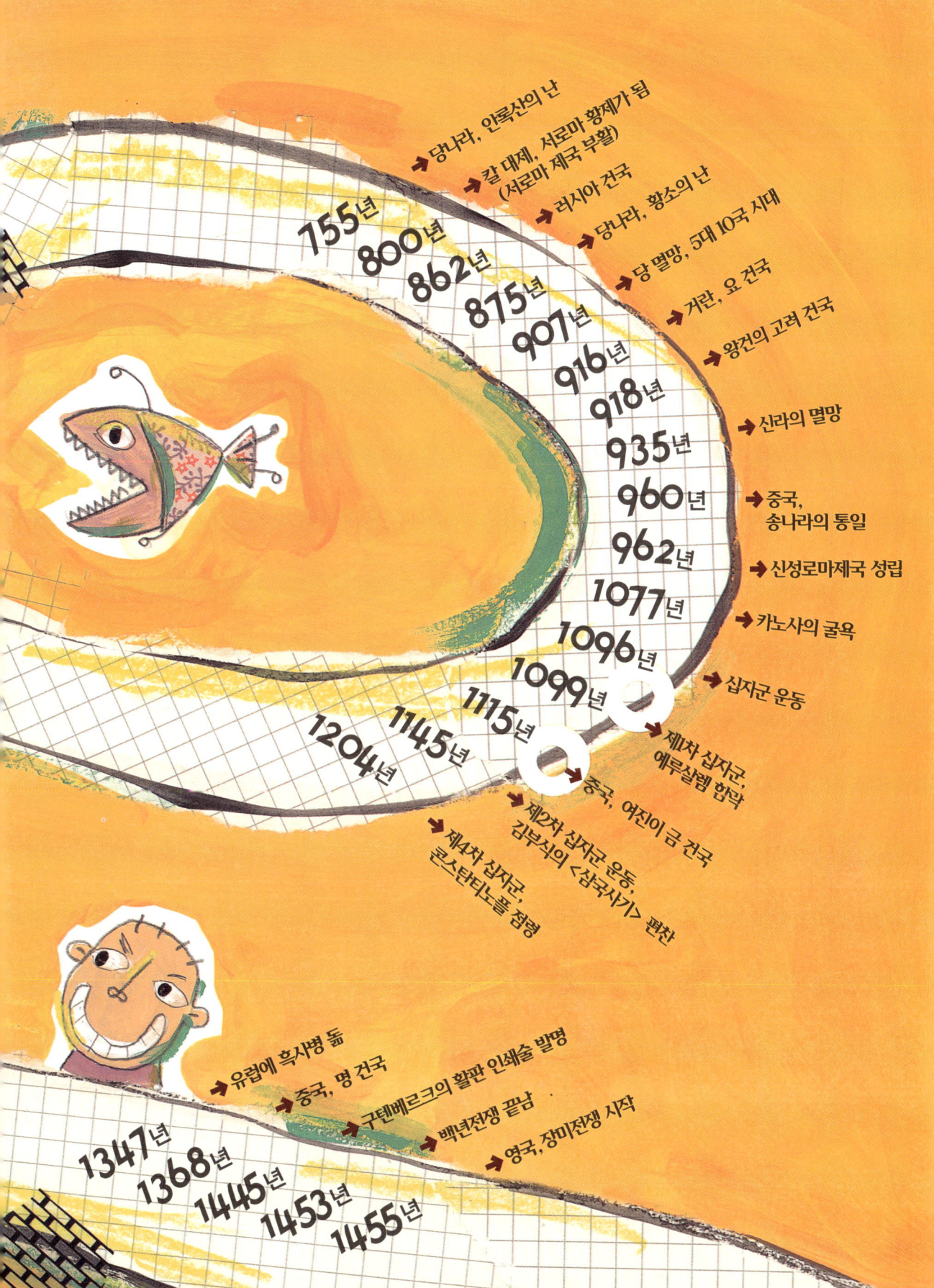

- 755년 → 당나라, 안록산의 난
- 800년 → 칼 대제, 서로마 황제가 됨 (서로마 제국 부활)
- 862년 → 러시아 건국
- 875년 → 당나라, 황소의 난
- 907년 → 당 멸망, 5대 10국 시대
- 916년 → 거란, 요 건국
- 918년 → 왕건의 고려 건국
- 935년 → 신라의 멸망
- 960년 → 중국, 송나라의 통일
- 962년 → 신성로마제국 성립
- 1077년 → 카노사의 굴욕
- 1096년 → 십자군 운동
- 1099년 → 제1차 십자군, 예루살렘 함락
- 1115년 → 중국, 여진이 금 건국
- 1145년 → 제2차 십자군 운동, 김부식의 〈삼국사기〉 편찬
- 1204년 → 제4차 십자군, 콘스탄티노플 점령
- 1347년 → 유럽에 흑사병 돎
- 1368년 → 중국, 명 건국
- 1445년 → 구텐베르크의 활판 인쇄술 발명
- 1453년 → 백년전쟁 끝남
- 1455년 → 영국, 장미전쟁 시작

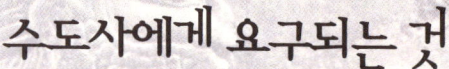

선생님과 역사 읽기 – 중세 유럽의 수도사와 이슬람의 문화

수도사에게 요구되는 것

기독교에 대한 박해가 끝나고 신앙의 자유가 허락되자 유럽에는 차츰 수도사들이 늘어나기 시작했습니다. 그들은 그리스도를 위하여 사는 것이 삶에서 가장 가치 있는 일이라고 생각한 사람들이었습니다.

서기 530년경에, 베네딕트라는 이탈리아 사람은 로마 남쪽 몬테카시노에 수도원을 건설했습니다. 이곳은 규율이 엄격하기로 유명했지요. 베네딕트는 수도사들은 절대로 돈을 가져서는 안 된다고 가르쳤습니다. "완전한 사람이 되려거든, 너의 모든 재산을 팔아 가난한 사람들에게 나누어 주라."는 성경의 말씀을 실천하라는 뜻이었습니다.

그가 수도사들에게 요구한 것은, 청빈과 복종과 순결이었습니다. 돈이나 재물을 갖지 않으며 하나님 말씀에 무조건 복종해야 했습니다. 그리고 절대로 결혼을 해서도 안 됐지요.

이런 까다로운 규율에 스스로 묶여서 고생스런 수도 생활을 할 사람이 몇이나 될까요? 아마 없을 것이라 생각되겠지만, 그렇지 않았습니다. 베네딕트 수도원에 들어가기를 지망하는 사람은 수백, 수천 명에 달했습니다.

수도원의 생활

◐ 규율이 엄격했던 독일 중세의 멜크 수도원

수도사들은 아무런 장식도 없는, 그야말로 감옥 같은 방 안에서 살았습니다. 기도와 명상, 그리고 고된 노동이 생활에 전부였습니다. 그들은 농사는커녕 풀 한 포기도 제대로 자라지 않는 거칠고 메마른 땅을 개간했습니다. 그리고 그 땅에 채소를 심고 곡식을 재배했습니다. 그 밖에 생활에 필요한 물자들도 대부분 자급 자족이었습니다.

그들은 고대의 희귀한 문서들을 번역하거나 베껴서 책으로 묶는 일도 했습니다. 종이가 없었기 때문에 책을 만들 때는 송아지나 양가죽을 종이 대신 사용했습니다. 이것은 종이보다 훨씬 질기고 오래 갔습니다.

수도사들은 그들의 주변 세상에서 일어나는 사건들을, 일기 형식으로 빼놓지 않고 기록했습니다. 그리고 1년 동안의 일 중에서 특히 중요한 사건들만을 뽑아 이것을 책으로 묶었습니다.

이런 책들을 보통 '연대기'라고 부릅니다. 오늘날의 우리가 옛날에 있었던 일들을 자세히 알 수 있는 것은 이런 책의 도움이 있기 때문입니다.

그들은 비록 세상을 등지고 높은 담장 안에 갇혀서 살았지만, 바깥 세상에 사는 사람들보다 세상 일을 더 많이 알았습니다.

항상 열려 있는 수도원의 문

수도원의 문은 항상 열려 있었습니다. 그래서 먼길을 여행하는 나그네들은 대개 수도원을 찾아와 머물고 갔습니다. 먹고 자는 일 모두가 무료였습니다. 수도사들은 가난한 사람과 병든 사람들을 극진히 돌보아 주고 헐벗고 굶주린 사람들에겐 옷감과 곡식을 나누어 주었습니다. 또 병든 사람은 치료를 해 주었습니다.

수도사들의 도움을 받은 사람들은 물론, 수도원의 존재에 전혀 관심 없었던 사람들도 수도사들의 은혜에 감동하여 값진 선물들을 보내 오기 시작했습니다.

물론 수도사들 각자에게 선물이 돌아간 것은 아니었습니다. 하지만 어쨌든 수도원의 재산은 크게 불어났습니다.

수도원 살림이 넉넉해졌으니 수도사들은 좀더 편한 생활을 했을까요? 그것은 아니었습니다. 수도사들은 여전히 검소했고, 여전히 바쁜 생활을 계속했습니다.

기도하고, 명상하고, 공부하고, 일하고, 또 가난한 이웃을 위하여 봉사하고……

수도사들은 스스로 선택한 이런 고된 삶을 보람과 행복이라 생각했습니다. 그들은 일생을 외롭게 살았지만 착하고 행복한 사람들이었습니다.

○ 중세 수도사의 모습

알라 신의 계시를 받은 마호메트

7세기 무렵에 살았던 아라비아 사람에 관한 이야기입니다. 그는 왕도 아니었고 장군도 아니었습니다. 그는 예언자였습니다. 말하자면 유대교의 모세나 세례자 요한 같은 사람이었지요. 그의 이름은 마호메트였습니다.

그는 아라비아의 한 도시 메카에서 태어나, 그 곳에서 젊은 시절을 살았습니다. 아직 예언자가 되기 전, 그는 어떤 돈 많은 미망인을 만나 결혼을 했습니다. 마호메트는 마흔 살이 될 때까지, 이렇다 하게 하는 일 없이 평범하게 살았습니다.

그는 혼자서 조용히 생각하기를 좋아했습니다. 그가 즐겨 찾은 곳은 사막의 골짜기에 있는 외딴 바위굴이었습니다. 어느 날, 마호메트는 이 굴 속에서 혼자 명상에 잠겨 있다가 하늘나라의 대천사 가브리엘의 방문을 받았습니다.

가브리엘 천사는 마호메트에게 하늘나라 '알라' 신의 계시를 전했습니다.

마호메트는 메카로 돌아와, 곧 새로운 종교를 열었습니다. 이것이 바로 이슬람교입니다.

헤지라: 마호메트는 이슬람교의 교주가 되어, 많은 사람들에게 알라 신의 뜻을 가르쳤습니다. 따르는 사람들도 많았지만, 반대하는 사람들도 많았습니다. 반대자들은 마호메트를 모함하여 그를 죽이려고 했습니다. 마호메트는 이런 낌새를 알아차리고는 자기를 따르는 이슬람교의 신도들과 함께 고향 메카를 떠났습니다. 그리고 메디나 시로 피신을 했습니다. 서기 622년의 일이었습니다. 이슬람교는 이 사건을 '헤지라'라고 하여, 큰 기념일로 삼았습니다.

코란: 마호메트는 알라 신의 계시에 따라, 그의 신도들에게 '절대 복종'의 엄한 교리를 충실히 지키라고 가르쳤습니다. 그는 글을 쓸 줄 몰랐습니다. 그래서 다른 사람을 시켜 자기가 말하는 것을 옮겨 쓰게 했습니다. 이것이 뒷날 이슬람교의 최고 경전이 된 '코란'입니다.

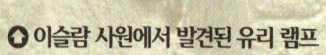
◐ 이슬람 사원에서 발견된 유리 램프

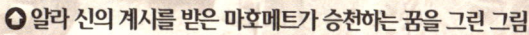

↑ 마호메트를 방문한 천사 가브리엘

↑ 알라 신의 계시를 받은 마호메트가 승천하는 꿈을 그린 그림

성스러운 도시 메카

마호메트는 자기가 태어난 메카 시를 성스러운 도시로 정했습니다. 그리고 신자들로 하여금 수시로 찾아가 예배드리게 했습니다. 지금도 이슬람교의 신자들이 기도를 드릴 때엔 언제나 메카 시가 있는 쪽을 향하여 절을 합니다.

이슬람교의 예배당인 회교 사원은, 세계 곳곳에 퍼져 있습니다. 회교 사원에서는 날마다 다섯 차례씩 기도 시간을 알리는 종을 울립니다. 그 때마다 신자들은 하던 일을 멈추고, 메카 시가 있는 쪽을 향하여 무릎을 꿇고 기도를 올립니다.

↑ 마호메트가 승천했다고 전해지는 예루살렘의 바위돔 모스크

한 손엔 코란, 또 한 손엔 칼을

이슬람교의 교리는 독재 국가의 법률보다도 훨씬 더 엄격했습니다. 교회의 율법을 지키지 않는 사람은 큰 벌을 받았지요. 그들은 선교 활동을 할 때에도 반강제적이었습니다. 기독교의 선교사나 불교의 포교사들이 부드러운 말로 신자를 모으는 방법과는 전혀 달랐습니다. 그들은 선교를 위해서라면 전쟁까지도 마다하지 않았습니다. 남의 나라에 쳐들어가, 그 곳 국민들에게 강제로 이슬람교를 믿게 했습니다. 말을 안 들으면 죽이기까지 했습니다. "한 손에 코란을 들고, 다른 한 손엔 칼을 들고……"라는 말도 실은 그래서 생긴 말입니다.

◐ 14세기 초의 코란

숫자는 누가 만들었어요?

우리가 지금 셈을 할 때 사용하는 숫자 1,2,3,4……는 누가 발명한 기호일까요? 바로 아라비아 사람들입니다. 이 숫자 기호는, 사람이 창조해 낸 많은 것들 가운데에서 가장 훌륭하고 과학적인 발명품입니다. 이것은 전세계 어디서나 다 통용되는 기호입니다. 아프리카의 토인들도, 북극의 에스키모들도 이 기호를 배우고 셈을 합니다.

◐ 아스트롤라베
이슬람 사람들은 숫자 외에도 방향과 시간을 무척 중요시해서 시간과 방향을 알려 주는 기구를 만들었답니다.

아라비아 숫자가 알려지기 전까지만 해도 로마 사람들은 숫자 대신 글자를 써서 셈을 했습니다.
1은 I로, 5는 V로, 10은 X로, 100은 C자로 표기했습니다.
예를 들면 바로 이런 식입니다.
IV+VII+C+CX+VII=?
아라비아 사람들이 아니었다면, 우리들의 산수 시간이 얼마나 더 까다롭고 골치 아팠을지 아찔해지지 않을 수 없습니다.

⬆ 시계 속의 로마자

신비한 나라 아라비아

아라비아 사람들은 도시 곳곳에 아름다운 건물을 많이 지었습니다. 그들이 지은 건물은 그리스나 로마 사람들이 지은 것과 모양이 아주 달랐습니다. 지붕은 양파처럼 둥글고 끝이 뾰족했으며, 창문도 말편자 모양으로 윗쪽만 둥글게 굽어진 형태였습니다. 그들은 건물의 벽을 색종이를 오려 붙이는 것처럼, 모자이크로 아름답게 장식했습니다.

또한 그들이 만든 칼은 옛날부터 부러지지 않는 강한 칼로 널리 알려졌습니다. 철사까지 끊을 정도였다고 하니까 그 예리함이 짐작이 갑니다.

그들은 『아라비안 나이트』라는 이야기도 지었습니다. 담요를 타고 하늘을 날아다니는 사람들, 40명의 도적과 알리바바, 신비한 바다와 섬을 여행하는 신밧드 등 이것들 모두가 아라비아 사람들의 머리에서 나온 이야기입니다.

아라비아 사람들은 머리도 좋았고 솜씨도 아주 훌륭했습니다. 다만 고집이 아주 셉니다. 그리고 여자가 남자의 노예라는 아주 이상한 편견을 갖고 있었습니다. 그들은 한 남자가 많은 여자를 데리고 사는 일을 당연하게 여겼고 여자들은 외출을 할 때면 두터운 면사포로 얼굴을 가리고 다녔습니다. 이렇게 하는 것이 알라 신의 계명이라 여기기 때문입니다. 아라비아는 여러 가지 면에서 신비한 나라였습니다.

현명한 야만인 황제와 발명가 황제

게르만 민족의 남침으로 유럽은 중세 시대가 시작되었습니다. 그리고 무지하다고 천시 받던 게르만 민족에게 칼 대왕이라는 훌륭한 지도자가 나타났습니다. 칼 대왕은 당시의 교황을 도와 기독교를 반대하는 세력들을 누르고 황제의 자리에 올라 훌륭한 정치를 폈습니다. 비슷한 시기에 영국의 알프레드 대왕은 영국을 강력한 해군의 나라로 만든 왕이었습니다. 또한 랜턴과 시계 등 뛰어난 발명품을 만들어 후세에 전하기도 했습니다.

✔ 아라비아의 아론 왕

아라비아를 다스렸던 아론 왕은 백성을 참으로 사랑했던 왕이었습니다. 그는 누더기를 걸치고 백성의 곁에서 그들의 사정을 듣기도 했고, 자신이 먼저 검소한 생활을 하기도 했습니다. 지금도 널리 읽히는 유명한 『아라비안 나이트』가 바로 아론 왕 시대에 지어졌지요. 칼 대제를 존경했던 아론 왕은 칼 대제에게 우정의 선물로 아라비아 사람들이 발명한 자명종을 주기도 했습니다.

프랑스의 칼 대왕

게르만 민족은 로마 시대에는 스칸디나비아 반도와 발트 해 지역에서 목축과 수렵으로 살아가던 민족이었습니다. 이 때까지만 해도 게르만 민족은 씨족 중심의 원시공동체 사회였습니다. 이후 농업의 비중이 커지게 되었는데, 철제 농기구의 사용으로 생산력이 증대하고, 점차 국가 형태의 모습을 띠게 되었습니다. 이 무렵에는 기름진 땅이 필요했습니다. 그런 이유로 게르만 민족은 농사를 지을 수 있는 땅을 찾아 남쪽으로 내려왔습니다. 게르만 민족의 남침으로 유럽의 하늘은 300년 동안이나 어두웠습니다. 지배자인 게르만의 왕들은 대체로 무지했고, 이런 지배자 밑에서 바람직한 문화를 기대하기란 어려웠으니까요.

그런데 서기 800년쯤에, 한 사람의 훌륭한 지도자가 유럽에 나타났습니다. 그는 게르만족 출신의 프랑크 왕이었습니다. 영국 사람들이 부르는 이름으로는 칼 대왕이었고, 프랑스식으로는 샤를마뉴라고 불렸습니다.

'프랑스는 너무 작아. 전 유럽을 손 안에 넣어야겠다.'

그는 작은 프랑스에 만족하지 않았습니다. 칼 대왕은 우선 에스파냐와 독일 땅의 일부를 단숨에 손에 넣었습니다. 그 무렵, 이탈리아를 다스리고 있던 교황이 왕을 찾았습니다. 교황 레오 3세는 이탈리아 북쪽 지방의 군주들과 사이가 나쁜 상태였습니다.

"칼 대왕, 부탁이 있소. 군주들의 반발을 눌러 주시오."

"제가 고심을 덜어 드리겠습니다."

칼 대왕은 교황의 요청을 받고 곧 군대를 일으켜 이탈리아로 떠났습니다.

"지금 칼 대왕이 이탈리아로 오고 있다는 소식입니다."

"뭐라고? 칼 대왕이 온다고?"

반발 세력들은 용맹한 칼 대왕이 직접 온다는 소식을 듣고 제풀에 겁이 나서 싸워 보지도 않고 항복을 했습니다.

"칼 대왕이 일을 훌륭하게 처리해 줬구나. 그를 로마로 초청해야겠다."

> ✓ **군주**
> 특정 국가의 세습적인 지배자로 왕, 황제, 천자, 원수 등을 총칭하는 말입니다. 군주의 권한과 지위는 시대와 지역에 따라서 다르게 나타납니다.

◯ 칼 대제의 대관식

교황의 초대를 받고 칼 대왕이 도착했습니다. 교황은 그를 위한 선물을 준비하고 있었습니다.
"칼 대왕, 이걸 받으시오."
"아니, 이건 왕관이 아닙니까?"
로마의 교황은 칼 대왕에게 직접 왕관을 씌워 주었습니다. 당시 교황은 왕이나 황제를 임명하는 권리를 가지고 있었습니다. 이로써 칼 대왕은 황제가 되었습니다.

이제 이탈리아도 그의 영토가 되었고 사람들은 그를 칼 대제라고 부르며 존경했습니다. 칼 대제는 이제껏 게르만족이 가지지 못한 최고의 권위를 누리게 된 것이었습니다.

'난 아직도 부족한 게 많고, 알고 싶은 것도 너무 많다.'

칼 대제는 비록 무지한 게르만족 출신이기는 했지만 배움에 대한 의욕은 누구보다 강했습니다. 그래서 칼 대제는 자신에게 배움을 줄 만한 이들을 찾기 시작했습니다. 결국 칼 대제는 영국의 알퀸이라는 신부를 스승으로 모시고, 그에게 많은 것을 배웠지요. 사람들은 그런 칼 대제를 존경의 눈빛으로 바라보았습니다.

"황제께서는 오늘도 책을 보시는 모양이지요?"

✓ **카롤링거 르네상스**

8세기 말, 칼 대제가 프랑크 왕국을 크게 발전시키면서 고전문화 부흥운동을 실시했는데 그것이 카롤링거 르네상스입니다. 칼 대제는 유럽 각지에서 학자들을 데려와 학교를 설립하였고 학문을 부흥시켰습니다. 카롤링거 르네상스는 오랜 기간 지속되지는 못했지만 중세 유럽문화의 기반을 구축하였습니다.

"네, 벌써 오랜 시간 앉아 계십니다."
이렇게 칼 대제는 한번 공부를 시작하면 자리를 쉽게 뜨지 않을 정도로 열렬한 학구파였습니다.

칼 대제는 과학, 철학, 문학 같은 어려운 학문에도 전혀 질리지 않고 열심히 몰두하였습니다. 얼마 후에는 유럽의 학자들과도 토론할 수 있을 정도로 유식하고 교양 있는 사람이 되었습니다.

그는 또한 절대로 교만하거나 방탕하는 일이 없었습니다. 세상의 권세와 온갖 부귀를 한몸에 누리는 사람이었지만 게으르지 않았습니다.

"공주야, 앞으로 너의 옷은 직접 만들어 입도록 하여라. 높은 신분이라고 해서 사치스러운 생활을 해서는 안 된다. 늘 검소해야지. 백성들에게 모범을 보여야 한단다."

칼 대제는 귀여운 공주들에게 바느질을 하여 옷을 만들어 입게 하였습니다. 또 요리하는 법도 익히게 했습니다.

그는 황제이면서도, 특별한 때가 아니면 황제의 화려한 옷 대신 값싼 천으로 만든 수수한 평상복을 입었습니다. 보통의 황제라면 엄두도 내지 못할 일이었습니다.

○ 전투에 참여한 칼 내세

하지만 황제의 이 같은 검소한 생활 태도에 오히려 불평을 하는 귀족들도 많았습니다.

'품위 없이 황제가 저렇게 싸구려 옷을 입다니……. 황제라면 황제다운 옷을 입어야지. 괜히 우리까지 눈치보이잖아.'

권위의식에 물들어 있던 귀족들은 황제가 자신들보다 검소한 생활을 하자 그것을 참을 수 없었던 것입니다.

물론 눈치빠른 칼 대제는 그 불평을 알아차렸습니다.

'뭐가 중요한지도 모르는 사람들 같으니라고.'

그래서 하루는 일부러 궂은 날을 택하여 귀족들과 함께 사냥을 갔습니다.

"화창한 날도 아니고 흐린 날에 웬 사냥이지?"

귀족들은 고개를 갸웃거리며 칼 대제를 따라나섰습니다.

"그나저나 오늘 옷이 너무 멋있소."

"어렵게 구한 귀한 비단입니다. 역시 다르죠?"

귀족들은 어깨를 으쓱해 보이며 대답했습니다. 그런데 얼마 후, 갑자기 비가 퍼붓기 시작했고 그렇게나 자랑했던 귀족들의 근사한 옷차림은 이내 엉망진창이 되고 말았습니다.

"비싼 옷이 비에 다 젖고 말았잖아."

귀족들은 투덜댔습니다. 칼 대제는 비에 젖어 후줄근해진 귀족들을 돌아보며 엄숙하게 말했습니다.

"사람이 겉으로 꾸민 멋이란 대체로 이런 것이오. 몸을 비단으로 감싸느니보다, 그대들의 정신을 부드러운 비단처럼 곱게 하시오."

게르만족 출신의 야만인 황제가, 문명인이라고 뽐내는 신하들에게 내린 교훈이었습니다.

아마추어 발명가 알프레드 대왕

이 무렵 영국에는 앵글과 색슨의 두 게르만 부족들이 세운 작은 왕국들이 곳곳에 흩어져 있었습니다. 서로 세력을 겨루며 옥신각신하고 있었지요. 이 당시의 영국은 지금과 달리 그 존재도 희미한 작은 섬이었습니다. 이런 상황에서 '데인'이라고 불리던 덴마크 해적까지 자주 침입했습니다. 이런 해적들의 기세에 앵글족과 색슨족인 앵글로색슨족은 거의 맥을 못

○ 바이킹 투구

○ 배를 만드는 해적의 모습

추고 있었습니다.

얼마 후, 앵글로색슨족 출신의 웨섹스 왕 에그버트가 영국의 통일을 이룩했지만 여전히 해적들의 침입은 멈추지 않았습니다. 그의 손자 알프레드 대왕이 영국 땅에서 덴마크 해적들을 모두 몰아 낸 후 강력한 통일 왕국을 건설하게 될 때까지도 사정은 마찬가지였습니다.

"알프레드 대왕은 영국의 칼 대제야."

알프레드는 이런 칭찬을 받을 만한 훌륭한 왕이었습니다. 그가 왕이 된 후 덴마크 해적들과 싸울 때의 일입니다.

'여기가 도대체 어디지? 나의 군대를 찾을 수가 없구나.'

알프레드 대왕은 싸움터에서 길을 잃고 혼자 돌아오고 있었습니다. 그는 몹시 배가 고팠습니다.

'저기 목장이 보이는구나. 음식을 얻어 봐야겠다.'

목장 주인 여자는 마침 빵을 굽고 있던 중이었습니다.

"저기 배가 고파서 그러는데 빵을 좀 주실 수 있습니까?"

"그럼 여기서 빵이 타지 않도록 좀 구워 주세요."

주인은 그가 왕인지 모른 채 우유를 짜러 밖으로 나가 버렸습니다. 알프레드 대왕은 빵을 굽기 시작했습니다.

'어떻게 하면 덴마크 해적을 몰아 내지?'

알프레드 대왕은 덴마크 해적들을 몰아 내는 방법을 궁리하다가 빵 굽는 일을 까맣게 잊어버리고 말았습니다.

"아이구, 이를 어째! 저리 비켜요."

주인 여자가 소리를 지르며 알프레드 대왕을 밀쳤습니다.

"빵이 다 숯덩이가 돼 버렸잖아. 여기서 썩 나가요."

알프레드 대왕은 결국 빵 한 조각도 얻어먹지 못한 채 이렇게 쫓겨나고 말았습니다.

덴마크 해적에 대한 고심 끝에 알프레드 대왕은 그들과 싸우는 데에는 육지보다는 바다가 더 쉽겠다는 판단을 하고 명령을 내렸습니다.

> ✓ **바이킹**
>
> 덴마크 해적은 '노르만'이라 불리던 북방의 게르만족이었답니다. 주로 덴마크 지역에 살았는데 배를 만드는 기술이 뛰어나 어업에 종사했지요. 주변의 나라들은 이들을 '바이킹'이라고 불렀답니다.

"덴마크 해적보다 훨씬 큰 배를 많이 만들도록 하여라. 영국이 바다를 정복한다."

알프레드 대왕은 바다를 정복하는 일이 영국의 평화를 지키는 길이라고 생각했던 것입니다. 이 판단은 옳았습니다.

"언제 저렇게 강해졌지? 더 이상 당해 낼 수가 없잖아."

덴마크 해적들은 날이 갈수록 더욱더 강력해지는 알프레드의 함대의 기세에 백기를 들었습니다.

"너희가 깨끗이 항복한다면 영국에서 살아도 좋다."

알프레드 대왕은 해적들 중에서 군인이 되기를 원하는 사람은 영국 해군에 편입시켜 바다를 지키게 했습니다.

이것은 오늘날 세계에서 제일로 꼽히는 영국 해군의 시초였습니다.

알프레드 대왕이 영국을 다스린 이후 영국은 점점 강성한 나라가 되어 갔습니다.

법치 국가로의 발전을 위해 알프레드 대왕은 아주 엄한 법을 제정했습니다. 그리하여 나쁜 짓을 저지른 사람은 혹독한 벌을 받게 되었지요. 그런 탓에 사람들은 길가에 금덩어리가 떨어져 있더라도 혹시나 남의 이목이 있을까 두려워 그것을 함부로 줍지 않았습니다.

'이제 해적도 소탕됐으니 우리 국민들의 생활을 편하게 해 주는 일이 남았군.'

원래부터 학문을 좋아했던 그는 생활이 안정되자 국민들에게도 학문을 가르치고 기술을 익히게 했습니다. 이를 위해 로마와 프랑스 등지에서 많은 학자와 유능한 기술자들을 초청해 왔지요. 그는 국민들의 불편한 생활을 개선해 주는 것이 국왕의 임무라고 생각했습니다.

○ 알프레드 대왕

또한 호기심 많은 아마추어 발명가이기도 했던 알프레드 대왕은 현재 우리가 많이 쓰고 있는 몇 가지 생활 필수품을 발명해 보급시키기도 했습니다.

알프레드 대왕의 발명품으로 생활의 편리함을 얻은 사람들은 모두 감탄했습니다.

"정말 멋진 물건입니다. 백성들이 아주 편리하게 사용할 수 있을 거예요."

그 발명품은 바로 시계와 랜턴이었습니다. 알프레드 대왕은 불을 켜는 초를 이용해서 시계를 만들었고, 쇠뿔을 이용하여 어둠을 밝히는 랜턴을 만들었습니다. 이 물건들은 간단한 응용으로 만들어졌지만 이후 발전에 발전을 거듭하였지요. 이 물건들은 현재 우리가 살고 있는 집에 모두 하나씩은 갖추고 있는, 아주 중요한 것들이 되었답니다.

✓ **프랑크 왕국**

서게르만계의 프랑크족이 세운 왕국인 프랑크 왕국은 부족 국가에서 출발했지만 훗날 서유럽의 많은 부분을 지배하는 대제국이 되었습니다. 프랑크 왕국은 서유럽 최초로 그리스도교 이념을 중심으로 한 게르만의 통일국가로 볼 수 있으며 독일과 프랑스, 이탈리아가 프랑크 왕국에서 태어나게 되었습니다.

현명한 야만인 황제와 발명가 황제

저기요, 선생님! 이런게 궁금해요

 바이킹이 침입했어요

유럽의 북쪽 스칸디나비아 지방으로부터 남부 유럽을 향하여 쳐들어온 적들이 있었습니다. 바로 게르만의 한 부족인 바이킹이었습니다. 바이킹의 고향은 노르웨이의 피요르드 만으로 알려져 있습니다. 그들은 땅에서보다 오히려 바다에서 더 자유롭게 생활을 하는 사람들이었습니다. 그러나 바다가 일터인 이들이 고기 잡는 일을 한 것은 아닙니다. 이들은 해적이었습니다. 배를 까맣게 칠하고, 뱃머리에 괴물이나 용의 모양을 조각하여 달고 다녔습니다.

동·서 프랑크 왕국은, 이들을 막아 낼 힘이 전혀 없었습니다. 국왕들이 할 수 있는 일이란 자신들보다 강한 해적의 두목들과 굴욕적인 평화 조약을 맺는 일이었습니다. 많은 돈과 재물을 주고는 스스로 물러가게끔 달래야 했지요.

서기 911년에는 롤로라는 바이킹 두목에게, 센 강 하류의 넓은 땅을 나누어 주기까지 했습니다. 지금 우리가 노르망디 평원이라고 일컫는 지역이 바로 그 곳이었습니다.

바이킹들은 지중해와 대서양을 누비며 전 유럽을 공포에 떨게 했습니다.

◎ 옛 바이킹 해적의 모습
(바이킹 축제 중 한 장면)

바이킹 선은 어떻게 생겼나요?

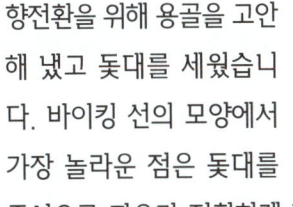

바이킹 선은 매우 느린 속도로 발달했습니다. 무려 천 년이라는 세월에 걸쳐 서서히 발달했지요. 초기의 바이킹 선에는 돛도 없었습니다. 대서양의 높은 바다를 헤쳐 나가기에는 많은 결점을 지니고 있었다고 할 수 있지요. 그러나 7세기에 이르러서 스칸디나비아인들은 안정성과 방향전환을 위해 용골을 고안해 냈고 돛대를 세웠습니다. 바이킹 선의 모양에서 가장 놀라운 점은 돛대를 중심으로 좌우가 정확하게 대칭된다는 점입니다. 이 때문에 배는 자유자재로 전진, 또는 후진할 수 있었습니다. 바이킹 선의 돛은 가공하지 않은 양털이나 천을 두껍게 두 겹을 겹쳐 만든 것이었습니다. 바이킹의 돛은 주의를 끌기 위해 붉은색 칠을 하는 경우도 있었습니다.

◑ 바이킹 해적선(모형)과 뱃머리 부분

◑ 게르만족과 로마군의 싸움(부조)

 ## 〈바이킹의 활약〉 아메리카 대륙을 발견하다!

아메리카 대륙을 처음 발견한 것은 바이킹이었습니다. 바이킹은 그들이 찾아 낸 이 새로운 땅에 와인랜드라는 이름을 붙였습니다. 이것은 포도주의 원료인 포도나무가 그 곳에 많이 자라고 있었기 때문이었지요. 바이킹은 와인랜드를 하나의 커다란 섬이라고 생각했습니다. 그들은 와인랜드를 자세히 둘러보지도 않고 떠나 버렸습니다. 그리고 이 땅은, 그로부터 500년 뒤 콜럼버스에 의해서 다시 발견되었습니다. 그 때까지는 노르만인들만이 아는 신비한 포도주의 섬이었지요.

바이킹 동상 ◑

봉건 영주들은 왜 성을 쌓았을까요?

노르만인들의 침공으로 분열되기 시작한 유럽 대륙에서 왕들은 한결같이 무력했습니다. 프랑스, 독일, 이탈리아, 영국 모두 마찬가지였습니다. 힘을 가진 사람들은 지방의 봉건 영주들뿐이었습니다. 이들의 힘은 그 지역에서는 오히려 왕보다 더 대단했지요.

통치자들은 다른 나라와의 전쟁에서 승리했을 때, 공을 세운 부하 장군들에게 정복한 땅의 일부를 나누어 주었습니다. 장군들은 그 때부터 영주가 되어, 왕으로부터 물려받은 영토와 영토 안의 백성들을 다스렸습니다. 이러한 제도를 봉건 제도라고 합니다.

영주나 귀족들은 자신이 다스리는 영지에 각자의 성을 쌓고 그 안에서 살았습니다. 성은 그들의 주택이며, 적으로부터 자신을 보호하는 요새의 구실을 했습니다. 그래서 그들은 적이 쉽게 침범하지 못하도록, 높은 언덕이나 산에 의지하여 성을 세웠습니다.

성 안의 창고에는 언제나 곡식이 가득했습니다. 전쟁이 아무리 오래 걸려도 충분히 버틸 수 있을 만큼의 분량이었습니다. 성 안에 들어와 있으면 모든 것이 다 안전했습니다.

◐◐ 중세 성의 모습

교황은 어떤 위치에 있었을까요?

로마의 주교, 예수 그리스도의 대리자, 사도의 우두머리인 베드로의 후계자, 전세계 가톨릭 교회의 수장, 서유럽의 총대주교, 이탈리아의 수석대주교, 로마 관구대주교이자 수도대주교, 바티칸의 주권자

위의 말은 〈교황청 연감〉에 수록되어 있는 교황에 대한 정의입니다. 교황은 그리스도교가 성립한 초기부터 존재하여 교세 확장과 발전을 위해 노력해 왔습니다.
특히 최고의 교황권을 자랑했던 시기는 13세기의 이노센트 3세 때였습니다. 이 때의 교황은 유럽 각지의 왕을 임명할 수 있는 권한까지 가지고 있었지요.
그런데 교황의 위치와 발전을 보여 주는 중요한 두 가지 사건이 있습니다. 바로 카노사의 굴욕과 아비뇽 유수입니다.

◐ 교황에게 무릎을 꿇은 신성로마제국의 황제

1076년, 신성로마제국의 황제인 하인리히 4세와 교황 그레고리우스 7세가 성직자 임명권을 두고 다투게 되었습니다. 이에 그레고리우스 7세는 하인리히 4세를 그리스도교에서 파문했고 황제 자리에서도 폐위시키기로 결정했습니다. 이것을 막기 위해 하인리히 4세는 교황이 묵고 있던 카노사 성 밖에서도 3일 밤낮 동안 빌게 되는데 이 사건이 바로 카노사의 굴욕입니다.

한편 아비뇽 유수는 1309년부터 1377년까지 로마 교황청을 남프랑스의 아비뇽으로 이전한 사건입니다. 당시 프랑스의 왕 필립 4세가 보니파티우스 8세와 싸워 이김으로써 후대 교황 클레멘트 5세는 프랑스 왕의 간섭을 받게 되었습니다. 이에 교황은 아비뇽에 교황청을 설치하고 이 곳에 머물게 되었지요. 이 당시는 중세 교황권의 몰락을 가져온 시기로 평가되고 있으나, 제도의 확립 등으로 근세적 성격도 가지고 있다는 의견도 있답니다.

◐ 아비뇽 교황청

선생님과 역사 읽기 – 예의바른 중세의 기사들

기사란?

예의바르고 의협심이 강하며, 특히 숙녀 앞에서 정중하게 행동하는 남자를 어떻게 칭찬하는 줄 아세요? 우리는 이럴 때 흔히 '기사답다'라고 말한답니다.

기사란 원래 기병전에 종사하는 말탄 군인을 뜻하는 말입니다. 그러나 말을 타고 싸우는 군인이라고 해서 모두 다 기사가 되는 것은 아니었습니다. 기사는 일정한 자격을 갖춘, 특별한 신분의 사람을 일컫는 이름입니다. 기사 제도가 생겨난 것은 서기 1000년대에 들어와서입니다. 훌륭한 기사들이 활약하기 시작한 것은 중세 봉건 영주들의 시대였습니다.

기사 교육의 목표

기사는 특별한 교육과 훈련을 받은 젊은이들 가운데서 뽑혔습니다.

기사 교육의 목표는 사랑, 전쟁, 종교의 기본 원리를 터득시키는 데에 있었습니다. 기사들은 귀부인을 존경으로써 대했습니다. 그리고 친절과 너그러운 마음씨를 표현하는 예절을 익혔습니다. 국왕이나 영주에게는 충성을 맹세하면서 이를 통해 용기와 명예심을 길렀습니다. 또한 교회에는 헌신적으로 봉사했지요. 기사들은 경건하고 깨끗하고 겸손한 마음씨를 가다듬었습니다.

◐ 전투 중인 기사들의 모습

기사가 되려면 어떻게 해야 할까요?

기사를 지망하는 어린이는 7살부터 14살까지 꼬박 8년 동안 다른 귀족의 성으로 보내집니다. 거기서 예절에 관한 여러 훈련을 받게 됩니다. 이 기간 동안 그는 시동으로 불리어지며, 귀족 부인의 심부름꾼 노릇을 하게 됩니다. 그리고 귀부인은 시동의 선생님이 됩니다. 귀부인은 종교, 음악, 예절, 사랑, 명예 등에 관한 갖가지 지식이나 상식을 가르쳐 주었지요.

◐ 중세의 기사(재현한 모습)

시동은 14살이 되면 곧 종사로 임명됩니다. 본격적인 무술 연마를 하게 되는 것은 이 때부터입니다. 무기를 간수하고 말을 보살피며, 경우에 따라서는 전쟁에 가담하기도 합니다. 이렇게 7년 동안 종사 생활을 하다가 21살이 되면 비로소 정식으로 기사가 됩니다.

기사가 되는 날이에요

기사를 임명할 때는, 오늘날의 입학식이나 졸업식보다 훨씬 거창한 예식이 올려집니다. 기사가 되는 사람은 목욕을 한 후 새 옷으로 갈아 입고, 곧장 교회로 나가 예배를 드립니다. 그리고 이튿날 아침, 성찬식을 끝내고 식장으로 나갑니다. 신부님이

충성을 맹세하는 기사의 모습 ◑

기사로 임명될 사람의 칼을 받아 제단에 바친 후 축복을 내리지요.
기사는 다음과 같이 맹세합니다.
"하나님의 교회를 지키고 악한 자를 벌하며, 여자와 가난한 사람들을 돌보고 국가와 평화를 위하여 기꺼이 몸을 바치겠습니다."
맹세를 끝낸 기사가 영주 앞에 나아가 무릎을 꿇습니다. 그러면 영주는 칼을 뽑아 기사의 양 어깨와 머리에 얹으며 맹세를 확인합니다. 이렇게 정식으로 기사의 명예를 얻을 수 있게 되는 것입니다.
한 사람의 훌륭한 기사가 태어나는 과정은 참 복잡하지요?

기사의 이야기를 다룬 문학작품에는 어떤 것이 있을까요?

기사도 정신을 중시하는 기사를 다룬 문학작품은 중세에서 현대에 이르기까지 많이 이어져 왔습니다. 여기서는 명작이라 일컬어지는 중세의 작품을 위주로 살펴보도록 하겠습니다.
먼저 기사 문학의 대표적인 작품은 프랑스의 〈롤랑의 노래〉가 있습니다. 12세기에 지어진 이 작품은 샤를마뉴 대제(칼 대왕)의 전쟁을 소재로 하고 있으며 봉건 사회의 이념, 즉 기독교에 대한 이념을

● 바위에 박힌 칼을 뽑는 아서왕

◐ 출전을 준비하는 기사의 모습

잘 표현하고 있는 작품입니다. 주인공 롤랑은 중세 기사도 정신을 작품 전체에서 잘 보여 주고 있습니다.

독일 작품인 <니벨룽겐의 노래>는 437년 훈족이 부르군트 왕국을 멸망시킨 이후의 역사적 사실에서 소재를 얻어 지어진 작품입니다.

<니벨룽겐의 노래>는 네덜란드 왕자 지크프리트가 니벨룽이라는 종족을 정복하며 얻은 보물과 부르군트 왕국의 이야기를 담고 있습니다. 이후 이 작품은 바그너에 의해서 <니벨룽겐의 반지>라는 음악으로 만들어지기도 했습니다.

<아서왕 이야기> 역시 영국 작품으로 여러분도 잘 아는, 엑스컬리버를 뽑아 낸 아서왕의 이야기를 다루고 있습니다. 다른 작품처럼 전설로 내려오다가 훗날 문학작품으로 정리되었지요. 멀린을 비롯한 마법사들의 등장과 기독교적인 색채가 짙은 성배를 찾는 이야기, 란슬롯을 비롯한 원탁의 기사들 이야기가 흥미롭게 엮여져 있는 작품입니다.

중세 기사가 물려 준 것이 있어요

기사들은 예절이 거의 몸에 배다시피 했습니다. 그래서 예절에 벗어난 행동을 하기가 오히려 더 어려울 정도였습니다. 그들은 아무리 위급한 처지에서도 여자들을 만나면 투구를 벗고 정중하게 인사를 했습니다. 이런 풍습은 오늘날까지 이어져 내려오고 있습니다.

◐ 여성을 보호하는 것도 중요한 기사도의 하나였다.

서양의 신사들이 숙녀를 만났을 때 모자를 벗어 들고 정중하게 허리 굽혀 인사하는 모습을 보았나요? 우리는 이런 모습을 영화 속에서 자주 찾아볼 수 있습니다.

바로 이것이 중세의 기사들에게 물려받은 예절인 것입니다.

정복왕 윌리엄

서기 1000년경, 프랑스 지방의 노르망디 공국에 통치자 윌리엄이 있었습니다. 왕이 되고 싶다는 열망을 강하게 품었던 윌리엄은 영국의 해롤드 왕자에게 왕의 자리를 양보받기를 원했습니다. 하지만 왕위에 오른 해롤드가 이 청을 거절하자 윌리엄은 군대를 모아 영국을 공격하며 헤이스팅스 전투를 벌였습니다. 결국 승리를 거둔 윌리엄은 영국의 왕이 되었고 영국에 노르만 윌리엄 왕조를 세웠습니다.

> **✓ 노르망디 공국**
>
> 911년, 노르만족의 롤로가 프랑스의 샤를 3세에게 받은 땅으로 세운 나라입니다. 샤를 3세는 롤로를 노르망디 공으로 봉하였기 때문에 나라 이름도 노르망디 공국이 되었습니다. 노르망디 공국은 훗날 영국의 지배를 받다가 1259년 프랑스에 정식으로 편입되었습니다.

프랑스에 노르만이라고 불리던 노르웨이 사람들이 쳐들어 왔습니다. 프랑스는 침입자인 노르만인 해적들에게 땅을 나눠 주었습니다. 프랑스 땅에 정착한 해적들은 곧 기독교 신자가 되어 착하게 살았습니다. 그들이 정착한 땅은 프랑스의 북쪽, 대서양 해안의 넓은 평원이었습니다.

"이 곳을 노르망디라 이름짓고, 나라를 세우자."

그러나 이름만 나라였을 뿐 무지한 해적들이 만든 작은 나라, 노르망디 공국을 나라로 인정해 주는 사람은 아무도 없었습니다.

서기 1000년이 조금 지난 무렵에, 이 노르망디 지방을 통치하는 아주 힘센 지도자가 한 사람 있었습니다. 그의 이

◐ 노르만 해적의 침입

름은 윌리엄이었습니다. 그는 롤로라는 유명한 해적 두목의 직계 후손이었습니다.

"윌리엄 님보다 힘센 사람은 아마 이 세상에 없을 거야."

그는 태어날 때부터 굉장히 힘이 센 사람이었습니다.

"윌리엄 님의 활에 대한 소문 들었어요?"

"그걸 모르는 사람도 있나요. 아무리 힘이 센 사람도 그 활을 당길 수 없다지요."

윌리엄은 특히 활을 잘 쏘았는데, 이렇게 아무도 그가 사용하는 활 시위를 당길 수 없을 정도로 팔의 힘이 강했습니다. 이렇게 힘이 센 윌리엄이다보니 점점 자신의 힘에 큰 자신감이 생겼고 욕심을 가지기 시작했습니다.

'힘으로 안 되는 일은 없다. 힘이 센 자가 모든 세상을 통치한다. 나라면 세상을 가지지 못할 이유가 없다.'

그는 '힘이 곧 정의'라고 믿는 사람이었으며, 기질도 해적처럼 거칠고 급했지요. 윌리엄은 다른 사람들처럼 기독교 신자가 되었지만, 정작 하나님을 믿는 사람처럼 겸손하게 살지는 않았습니다.

그는 욕심이 많았습니다. 한번 갖고 싶다고 벼른 것이면, 반드시 제 것으로 삼아야 직성이 풀리는 그런 사람이었습

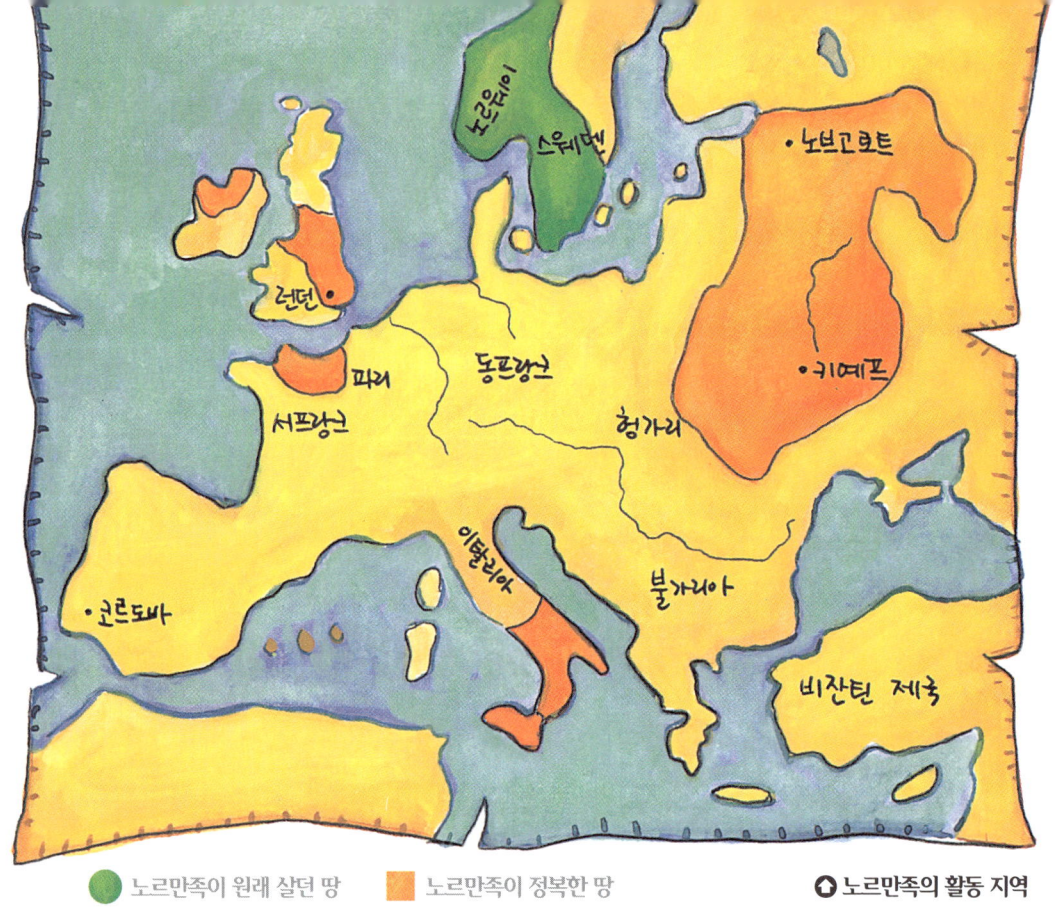

● 노르만족이 원래 살던 땅   ■ 노르만족이 정복한 땅   ↑ 노르만족의 활동 지역

니다. 설사 그것이 남의 것이라 하더라도 말이지요.

'내가 왕이 되어 보면 어떨까? 이제 왕이 되고 싶다.'

윌리엄은 어느 날 갑자기 왕이 되고 싶다는 생각을 품게 되었습니다.

'영국의 왕이 되면 좋을 것 같아. 프랑스는 우리에게 땅을 나눠 줬으니까 배신할 수 없지.'

윌리엄은 왕이 되고 싶다는 열망이 날이 갈수록 커져만 갔습니다.

그러던 어느 날이었습니다. 해롤드라는 영국의 왕자가 도버 해협을 항해하다가 풍랑을 만났습니다. 왕자는 노르망디 해안에 표류했지요. 해롤드는 장차 영국의 왕이 될 사람이었습니다.

'옳거니, 이것은 하늘이 주신 기회야.'
윌리엄은 하늘에 감사하고는 계획을 세웠습니다.
"어서 가서 해롤드 왕자님을 모셔 오너라. 어떤 실수도 없이 극진히 대접해야 한다."
윌리엄은 젊은 해롤드 왕자를 정성을 다해 맞이했습니다. 그러면서 한편으로는 해롤드를 협박하였지요.
"여기는 노르망디 공국입니다. 여기서 안전하게 계실 수 있는 것은 모두가 저의 덕이지요."
해롤드는 융숭한 대접을 받으면서도 윌리엄의 태도에 위기감을 느꼈습니다. 실제로 윌리엄은 웃으며 해롤드를 대하면서도 그 속에 겉과 다른 미소를 띠고 있었습니다.
'우락부락하게 생긴 이 사람이 날 돌려보내 주지 않으면 어떡하나? 도대체 무슨 꿍꿍이지?'
과연 윌리엄은 이제 서서히 자신의 본심을 드러내기 시작했습니다.
분위기가 무르익었을 무렵, 윌리엄은 은근한 말투로 해롤드에게 말했습니다.
"해롤드 왕자님. 당신이 왕위에 오르면 그 다음 날로 저에게 왕위를 물려주십시오."

"그건 내가 혼자서 정할 문제가 아닙니다. 영국 전체의 문제이지요."

해롤드는 어떻게 해서든지 이 위기를 벗어나야겠다고 생각했지만 별다른 수가 없었습니다.

"아닙니다. 꼭 약속해 주세요. 대답을 해 주기 전에는 못 가십니다."

해롤드는 입장이 몹시 난처했습니다. 생떼를 부리는 윌리엄을 달랠 방법이 도저히 생각나지 않았습니다.

'어쩔 수 없다. 우선 약속을 하자. 이렇게 강제로 어쩔 수 없이 한 약속은 나중에 어겨도 배신이 아닐 것이다.'

해롤드는 혼자서 그렇게 생각했습니다. 그리고 대답했습니다.

"좋소이다. 당신이 날 도와 줬으니 내가 왕이 되면 왕위를 물려주리다."

그런데 여기에 윌리엄의 교묘한 함정이 있었습니다. 윌리엄은 해롤드가 약속을 지키지 않을래야 않을 수가 없도록 만들었습니다.

"우리는 오늘 이 일을 하나님 앞에 약속하는 것입니다. 여기 교회당 제단 위에 손을 얹고 맹세하십시오."

하나님을 믿고 두려워하는 사람이라면 함부로 어길 수가 없는 약속이었습니다. 결국 해롤드는 무거운 마음으로 영국에 돌아갔습니다.

○ 바이킹의 칼

그리고 얼마 후, 영국 왕이 세상을 떠나고 해롤드 왕자가 왕위에 오르게 되었지요. 그러나 해롤드는 마음이 몹시 무거웠습니다.

"해롤드 왕이시여. 어찌 그리 얼굴이 어두우십니까?"

"실은 나에게 고민이 있다."

해롤드 왕은 윌리엄과 한 약속을 신하들에게 얘기했습니다. 그러나 신하들의 반응은 한결같았습니다.

"그렇게 강압적으로 한 약속은 어겨도 됩니다. 그리고 말도 안 되는 억지가 아닙니까? 하나님도 용서하실 것입니다."

신하들은 윌리엄에게 왕위를 물려주는 것을 한사코 반대했습니다. 거기에 더해 윌리엄을 무찌르자고 해롤드를 부추기기도 했습니다.

"왕을 우롱한 윌리엄을 용서할 수 없습니다. 이 기회에 군대를 일으켜 윌리엄을 쳐부숩시다."

신하들은 눈엣가시였던 윌리엄을 쳐부술 좋은 기회라고 생각했습니다. 해롤드도 더 이상 신하들에게 말을 할 수 없었습니다. 해롤드는 신하들의 말에 따라 윌리엄에게 사절을 보냈습니다.

'해롤드가 영국의 왕이 되었으니 조만간 나에게 왕위를 물려주겠지? 이 노르망디 공국의 지도자 윌리엄 님이 영국을 지배할 날도 멀지 않았다.

◐ 정복왕 윌리엄

그런데 왜 이렇게 소식이 없을까?

이 무렵 윌리엄은 영국의 왕이 될 날만을 손꼽아 기다리고 있었습니다. 그러던 중 영국에서 사절이 찾아왔다는 소식을 듣고는 뛸듯이 기뻐하며 그를 맞이했습니다.

"드디어 영국에서 기다리던 소식이 온 모양이구나. 어서 나가 보자."

윌리엄은 위엄을 차리며 말했습니다.

"어찌하여 해롤드 왕께서 내게 사절을 보내셨지요?"

"해롤드 왕의 말씀을 전하러 왔습니다."

그리고 사절은 편지를 내밀었습니다.

전날 내가 맺은 약속은 속임수와 협박에 의한 엉터리 약속이었다.

비록 하나님 앞에 한 맹세이지만 하나님께서도 용서하실 것이다.

그 약속은 지킬 수 없다.

사절로부터 이 편지를 받아 읽은 윌리엄은 머리끝까지 화가 치밀어올랐습니다.

"어서 군대를 준비하라. 괘씸한 해

롤드를 용서할 수 없다."

대규모의 군대를 정비한 윌리엄은 곧장 도버 해협을 건넜습니다. 그리고 영국 해안에 막 첫 발을 내디디는 순간이었습니다. 배에서 내리던 윌리엄이 발을 잘못 내딛고 그만 앞으로 고꾸라지고 말았습니다.

"아무래도 불길해. 예감이 좋지 않아. 우리는 이길 수 없을 거야. 말도 안 되는 싸움이니까 말이야."

"윌리엄 왕이 넘어진 것은 신의 계시가 아닐까? 아무래도 싸움을 시작하지 말라는 계시 같아."

부하 장군들과 병사들의 낯빛이 순간적으로 변하며 일제히 술렁거리기 시작했습니다. 모두 나쁜 징조라 생각하며 불안을 느꼈던 것입니다.

> **도버 해협**
>
> 영국의 남동단과 프랑스 북동단 사이에 있는 해협입니다. 북해와 영국 해협을 연결하는 도버 해협을 프랑스에서는 칼레 해협이라고도 합니다. 도버와 칼레 사이에는 철도연락 페리가 다니고 있고, 영국, 프랑스, 공동으로 '영국해협 터널계획'에 의해 1995년 해저 터널인 유러터널이 개통되었습니다.

◐ 윌리엄 왕의 전투

◐ 헤이스팅스 전투

그런데 정작 넘어졌던 윌리엄은 아무렇지도 않았습니다. 오히려 태연하게 두 손을 번쩍 치켜들었습니다.

"자, 보아라! 영국 땅은 이제 우리들의 것이다."

윌리엄은 의기양양하게 소리쳤습니다. 그의 양쪽 손아귀엔 어느 사이에 흙이 한 움큼씩 쥐어져 있었습니다. 영국 땅을 차지하겠다는 표시로 흙을 줍기 위해 일부러 넘어졌다는 태도였지요.

"와아! 역시 윌리엄 왕이시다."

병사들은 일제히 환호성을 터뜨렸습니다. 불길한 징조라 여겼던 것이 순식간에 좋은 징조로 바뀐 것이었습니다.

영국 사람들은 침입자들로부터 조국을 지키기 위해 용맹스럽게 싸웠습니다. 영국 쪽이 노르만 군대보다는 여러 면에서 우세했고 또 유리했습니다.

'이대로 가다가는 당하겠는걸. 좋은 수를 내야겠다.'

윌리엄은 전세가 불리하다고 느꼈습니다.

"모두 후퇴한다."

윌리엄은 치밀한 작전 계획을 세우고 부하들에게 후퇴 명

✓ 둠즈데이 북

영국을 정복한 후 왕이 된 윌리엄 1세가 영국의 조세를 징수하기 위해 작성한 토지조사부입니다. 전국적인 규모에 그 내용도 아주 상세하여 귀중한 연구 가치를 지니고 있는 문서이기도 합니다.

령을 내렸습니다.

"무지한 해적놈들, 이제야 정신이 든 모양이군. 하지만 순순히 도망가게 할 수 없지."

영국 군사들은 이것이 작전에 의한 후퇴인 줄 몰랐습니다. 그들은 정신 없이 흩어져서 뒤를 쫓았습니다. 후퇴하는 쪽보다, 추격하는 쪽의 질서가 더 엉망이었습니다.

"지금이다. 군대는 다시 방향을 돌려라."

윌리엄은 병사들을 일제히 돌려 자신들을 쫓는 영국군을 되몰아쳤습니다.

"아앗! 함정이었구나. 빨리 군대를 정렬하라."

그러나 영국군은 미처 진영을 정비할 겨를도 없이 전멸해 버리고 말았습니다. 이 싸움은 훗날 '헤이스팅스의 싸움'이라 불려졌습니다.

영국 왕 해롤드도 이 싸움에서 죽고 말았습니다.

서기 1066년, 윌리엄은 런던을 점령하고 그 해 크리스마스에 영국의 왕이 되었습니다. 그는 이 때부터 정복왕 윌리엄으로 불려졌고 영국에는 하나의 새로운 왕조가 시작되었습니다. 해적의 후손들이 일으킨 노르만 윌리엄 왕조가 바로 그것입니다.

✓ 노르만 윌리엄 왕조

윌리엄 1세가 노르만을 정복하면서 연 프랑스계 영국의 왕조입니다. 강한 왕권을 내세운 윌리엄 1세에 이어 윌리엄 2세 때에도 강한 봉건제는 이어졌습니다. 그러나 헨리 1세의 죽음 이후 내분이 계속되던 노르만 왕조는 오래 가지 못하고 결국 막을 내리고 말았습니다.

예루살렘을 향하여 동쪽으로

예수가 숨을 거둔 예루살렘을 방문하는 것은 당시의 기독교인에게 평생의 꿈이었습니다. 그러나 당시 예루살렘은 터키의 땅이었고 회교였던 터키인들은 기독교인들이 예루살렘을 방문하는 것을 원치 않아 이들을 박해하기 시작했습니다. 이에 교황은 십자군을 소집하였고 이 대규모의 군대는 예루살렘을 뺏고 빼앗기기를 반복했습니다. 영국의 리처드 왕 역시 십자군 원정의 한 축을 담당했으나 회교도와 평화협정을 맺기도 했습니다.

✔ 우르바누스 2세
십자군 원정을 제창한 로마의 교황으로 교황권을 신장하기 위해 크게 노력하였습니다. 십자군 운동뿐 아니라 신성로마제국의 하인리히 7세에게 압력을 가하고 프랑스의 필립 1세를 파문하기도 하였으며 이탈리아에 있던 동로마 영토를 회복하기도 하였습니다.

1차 십자군 원정

중세의 유럽인들은 예루살렘에 가 보는 것이 평생의 소원이었습니다.

"이게 바로 골고다 언덕에 있는 종려나무 잎사귀야."

"정말이야? 성지에 다녀온 이야기 좀 해 줘."

골고다 언덕은 예수가 십자가에 못박혀 죽은 곳입니다. 사람들은 거기서 기도를 올리고 종려나무 잎사귀를 기념으로 가져오는 것이 큰 자랑이었습니다. 그러나 그 때만 해도 예루살렘은 유럽의 서북쪽 지방에 사는 사람들에게 까마득하게 먼 곳이었습니다. 말이나 낙타를 타고 가도 몇 달씩 걸렸습니다.

"난 성지까지 갈 돈이 없어. 하지만 갈 수만 있다면 걸어서라도 가고 싶어."

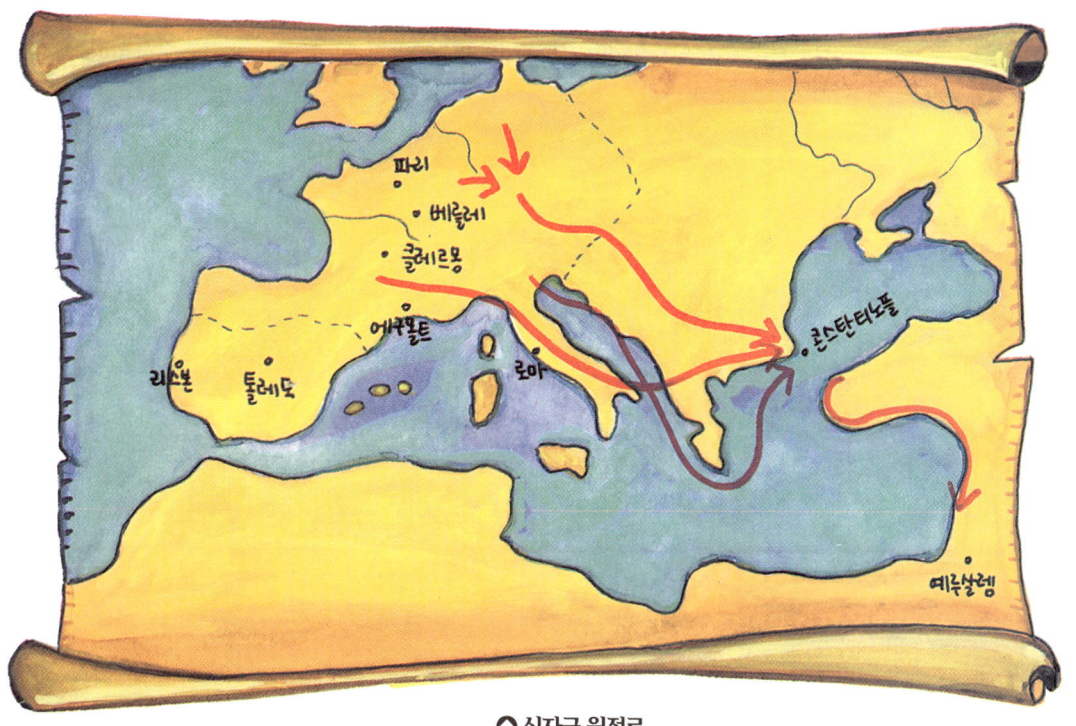

○ 십자군 원정로

가난한 사람들은 예루살렘까지 걸어서 가기도 했습니다. 고되고 험난한 여행길이었습니다. 그럼에도 불구하고 예루살렘을 찾는 순례자의 발길은 끊일 새가 없었습니다.

이 무렵 예루살렘은 터키에 속해 있었습니다. 그런데 터키 사람들은 기독교가 아니라 모두 마호메트교, 즉 회교를 믿는 사람들이었습니다.

"저놈의 기독교 신자들은 왜 남의 땅에서 소란이야?"

터키 사람들 입장에서 기독교 신자들은 환영할 수 없는 이교도였습니다. 당시 사정은 이교도가 곧 적이나 마찬가지였습니다.

"날이 갈수록 늘어나는 기독교 신자들을 이 땅에서 몰아 냅시다."

○ 클레르몽페랑에서 열린 회의 모습

터키 사람들은 차츰 이들을 박해하기 시작했습니다. 그리고 두 종교 신자들 사이에 잦은 충돌이 있었습니다.

"신은 오로지 알라 신뿐이야. 하나님인가 뭔가를 믿는 저들을 이해할 수 없군."

성지 순례를 마치고 돌아온 기독교 신자들은 이런 사실을 로마 교황청에 낱낱이 보고했습니다.

당시의 교황은 우르바누스 2세였습니다. 그는 기독교인들의 최고 지도자였습니다. 그 때의 교황은 황제나 왕보다도 더 강력한 권력을 쥐고 있었습니다.

'안 그래도 예루살렘이 이교도들의 지배 아래 버려진 것이 마음에 걸렸는데……. 더 이상 참을 수 없군.'

1095년, 마침내 우르바누스 2세 교황은 남프랑스의 클레르몽페랑에서 회의를 열고, 성지 예루살렘을 터키에게서 탈환하기로 결의했습니다.

"교황의 의견에 찬성합니다. 지원을 아끼지 않겠습니다."

동로마 제국의 황제 알렉시우스 1세가 누구보다도 열성적으로 교황의 결정을 지지했습니다.

그런데 당시, 피에르라는 기독교 수도승이 있었습니다. 그

✓ **십자군 원정의 영향**

십자군 원정은 유럽의 중세를 접게 한 중요한 영향을 끼쳤습니다. 십자군 원정 자체가 교황에 의해 제창된 것이니만큼 우선 절대적인 권력을 가졌던 교황권이 크게 몰락하였고 이와 더불어 왕의 권력이 강화되었습니다. 또한 상업과 공업이 크게 발달하였고 이슬람 문화와 접촉하면서 문화의 발달도 가져왔습니다.

는 은자 피에르라고 불려졌습니다. '은자'라는 것은 세상을 등지고 깊은 곳에 홀로 숨어 살며 기도를 하는 사람을 말합니다. 바로 그의 한 마디가 클레르몽페랑에 모인 많은 사람들을 감동시켰습니다.

"저와 함께 예루살렘으로 갑시다. 기독교 신자라면 반드시 가 보아야 할 곳입니다."

그의 말을 듣고 감동하지 않은 사람이 없었습니다. 그는 훌륭한 웅변가였으니까요.

"당신을 따라서 예루살렘으로 가겠습니다."

"저도요, 저도 함께 가겠습니다."

노인들도, 여자들도, 그리고 어린이들도 너나할것없이 지원했습니다.

"그러면 모두 붉은 헝겊으로 십자가의 표시를 만듭시다."

○ 예루살렘으로 향하는 십자군

그것은 예수가 십자가에 매달려 죽은 것을 기념하여 만든 표시였습니다. 그들은 그것을 앞가슴에 붙였습니다. 이 때부터 이들 순례자들은 '십자가 군병'으로 불려졌지요. 이들 가운데엔 귀족이나, 영주 왕자들까지 섞여 있었습니다. 그러나 그들은 예루살렘이 얼마나 먼 곳에 있는지 전혀 생각해 보지 않았습니다.

'예루살렘까지 하나님이 돌봐 주실 거야.'

그들은 이렇게 마음먹고 길을 떠났습니다. 귀족이나 부자들은 말을 탔고, 가난한 사람들은 걸어서 행군했습니다. 그러나 여정은 쉽지 않았습니다.

"정신차리세요. 예루살렘까지 가서 하나님의 흔적을 느껴 보아야지요."

"저, 저는 기운이 없어서 걸을 수가 없어요."

수천 명, 수만 명의 사람들이 도중에서 병들어 죽거나 굶어 죽었습니다.

그 무렵, 터키에도 십자군의 소식이 전해졌습니다.

"십자군이 쳐들어온다는 소문입니다. 그들을 막아야 해요."

회교도 군대의 결사적인 방어에 피에르와 함께 1진으로 출발했던 사람들은 전멸당하고 말았습니다.

그러나 1진의 실패에도 불구하고 십자군 행렬은 끊이지 않았습니다. 유럽 각지의 많은 봉건 영주들과 잘 훈련된 기사들이 속속 뒤를 이어 밀려들어왔습니다.

1099년, 마침내 성지 예루살렘이 십자군에게 함락되었습니다. 십자군은 1차 원정에 성공한 후, 그들이 탈환한 성지 예루살렘

◐ 십자군과 회교도의 싸움

에 새로운 왕국을 세웠습니다. 이 왕국의 지도자로는 로렌의 성주 고드프로와 드 부용이 임명되었습니다.

"드디어 예루살렘을 지켜 냈다. 이 은혜는 모두 하나님의 보살핌이시다."

순례자들은 벅찬 감동에 흐느껴 울었습니다.

"긴 순례의 여행길을 안전하게 보살펴 주신 주님의 은총에 감사드립니다."

그러나 그들은 하나님을 찬양하면서도 하나님의 가르침을 어기는 엄청난 잘못을 저질렀습니다.

"칼을 든 자는 칼로써 망할 것이다."라는 성경의 말씀을 어긴 것입니다. 그들은 예루살렘에 있던 수많은 회교도들을 닥치는 대로 죽였으니까요.

○ 예루살렘

사자왕 리처드와 소년 십자군

예루살렘은 십자군에 의해서 일단 함락되었고, 회교도들은 멀리 동북쪽 그들의 본거지로 물러갔습니다. 하지만 그들은 예루살렘을 완전히 포기한 것이 아니었습니다.

'우리를 호락호락하게 봤겠다. 예루살렘을 되찾고야 말겠다.'

터키인들은 전력을 새로 갖추어, 예루살렘으로 쳐들어왔습니다.

예루살렘은 다시 회교도의 성이 되고 말았습니다. 물론 기독교도들 역시 쉽게 포기하지 않았습니다.
"우리가 너무 방심했군. 원정 계획을 다시 짜야겠어."
이것이 제2차 십자군 원정이었습니다. 그리고 이 같은 규모의 원정은 그 후 200년 동안 계속되었습니다. 통틀어 헤아리면 아홉 차례에 걸친 긴긴 싸움이었습니다.
원정의 주역은 교황이 아닌 세 사람의 왕들이었습니다.
영국의 리처드 왕, 프랑스의 필립 왕, 그리고 독일의 프리드리히 왕이었습니다.
프리드리히 왕은 어려서부터 남달리 꿈이 컸습니다.
'나의 소원은 칼 대제가 이룩했던 것 같은 강력한 제국을 건설하는 것이다.'
그러나 그는 칼 대제만큼 위대한 제왕이 되지 못한 채, 십자군 원정길에서 그만 물에 빠져 죽고 말았습니다.
프랑스의 필립 왕은 약간 옹졸한 사람이었습니다.
'내가 리처드 왕보다 못한 게 대체 뭐야?'
그는 영국의 리처드 왕이 십자군 병사들 사이에서 인기가 높은 것을 시샘했습니다.
"여기는 리처드 왕 혼자서도 충분하겠군요. 우리 병사들은 돌아가겠소."

필립 왕은 원정 도중에 자기 편 군대를 이끌고 프랑스로 돌아가 버렸습니다. 결국 원정에 나선 것은 영국 왕 리처드뿐이었습니다.

그는 마음씨가 부드럽고 누구에게나 친절한 사람이었습니다. 그러나 남들의 나쁜 짓, 비겁한 짓을 보면 절대로 용서하지 않았습니다. 그런 정의로운 리처드 왕을 십자군뿐만 아니라 회교도들도 존경했습니다.

'비록 우리의 적이라고는 하지만 리처드 왕을 존경한다. 그와 친구가 되고 싶구나.'

당시 회교도의 왕은 살라딘이었습니다. 그는 리처드의 공격을 받으면서도 그를 존경했습니다. 그리고 리처드 왕과 친구가 되기를 원했지요.

"리처드 왕이여, 우리 협정을 맺읍시다. 난 당신과 싸우고 싶지 않소."

"무엇을 원하는지 말씀해 보시지요."

"앞으로 성지와 순례자들을 박해하지 않고 잘 대우하겠소. 난 당신과 친구가 되고 싶소."

리처드 왕은 살라딘의 말을 듣고는 그와 평화 협정을 맺기로 했습니다.

"좋습니다. 당신의 말을 믿고 우린 돌아가겠습니다."

리처드 왕은 예루살렘을 살라딘에게 맡기고 귀국길에 올랐지요. 그런데 불행하게도 도중에 오스트리아 왕에게 납치를 당하고 말았습니다.
"너희 왕을 데려가고 싶으면 돈을 가져오도록 해라."
오스트리아 왕은 많은 액수의 돈을 영국 왕실에 요구했습니다. 그러나 리처드 왕을 대신하여 잠시 왕 노릇을 하던 사촌 동생 존은 형의 불행을 오히려 기뻐했습니다. 그것은 어쩌면 당연한 일이었습니다. 형이 없어야 자신이 계속 왕 노릇을 할 수 있을 테니까요.
'잘 됐군. 이제 내가 영국의 왕이 되는 거야.'
그렇게 마음먹은 존은 오히려 큰소리를 쳤습니다.
"그렇게 많은 돈이 우리 나라에는 없소. 그런 돈은 내어 줄 수 없습니다."
존은 오스트리아의 요구를 거절했습니다. 그런 존의 뒤에서 몇몇의 무리가 다른 생각을 했습니다.
"어떻게 왕을 구할 생각을 안 할 수 있지? 하는 수 없습니다. 우리가 왕을 구해 옵시다."
리처드 왕의 충성스러운 신하들은 돈을 모아 리처드를 구하려

했습니다. 그러나 리처드가 갇혀 있는 곳을 알 수가 없었지요.

그런데 리처드 왕이 평소에 특별히 아끼던 신하 가운데, 부론델이라는 시인이 있었습니다. 부론델은 리처드 왕을 찾아 내기 위하여 여기저기를 떠돌며, 둘만이 알고 있는 노래를 불렀습니다.

'리처드 왕께서 이 노래를 듣고 응답하셔야 할 텐데…….'

부론델은 방방곡곡을 돌아다니며 리차드 왕을 찾기 위해 노력했습니다.

그러던 어느 날, 그는 우연히 리처드가 갇혀 있는 탑 아래에서 그 노래를 부르게 되었습니다.

'이게 무슨 소리지? 이건 나와 부론델만이 아는 노래인데……. 아, 부론델이 나를 구하러 와 줬구나.'

탑 안에 갇힌 리처드는 금세 부론델의 노래를 알아들었습니다. 그리고 리처드는 부론델의 노래 1절이 끝날 무렵, 노래의 2절을 이어 부르며 그에게 화답했습니다.

"왕께서 여기 갇혀 계시는구나."

부론델은 성벽 위쪽의 탑 속에서 노래가 흘러나오는 것을 확인했습니다. 부론델은 서둘러 영국으로 돌아와 신하들과 함께 의논을 했습니다. 그리고 결국 탑 안에 갇혀 있던 리처드 왕을 구해 냈습니다.

리처드 왕은 의적 로빈 후드의 도움으로 존 왕을 몰아내고 다시 왕좌에 올랐습니다. 이후에도 리처드 왕은 훌륭한 정치를 펴서 백성들로부터 더욱 존경을 받았습니다.

예루살렘을 향하여 동쪽으로
저기요, 선생님! 이런게 궁금해요

예루살렘은 얼마나 멀리 떨어져 있을까요?

십자군들은 예루살렘이 얼마나 먼 곳에 있는지 전혀 짐작하지 못했습니다. 특별히 지리를 배운 사람도 없었고, 지도 같은 것도 없었으니까요.

그렇다면 정말 얼마나 멀리 떨어져 있던 것일까요? 유럽에서 성지 예루살렘까지는 직선 거리로 따져도 3000km가 넘었습니다. 예를 들면, 프랑스 파리에서 예루살렘까지는 3400km, 그러니까 서울에서 부산까지 거리의 8배나 되는 먼길이었습니다. 여러분은 이 길을 걸어서 갈 수 있겠어요? 당시에는 실제로 이 먼길을 걸어서 행군했답니다.

◐ 예루살렘을 점령한 십자군

로빈 후드는 실제 인물일까요?

수많은 영화와 문학 작품의 주인공이 되기도 했던 로빈 후드는 실제로 있었던 인물일까요? 영국 사람들은 그가 정말 살아 있던 인물이라고 말하며, 헌팅던 백작의 별명이라고도 말하고 있답니다. 어쨌든 전해지는 이야기에 의하면 그는 영국의 노팅엄 근처의 셔우드 숲에서 수많은 무리들을 이끌고 백성들을 못살게 구는 귀족들의 재산을 빼앗아 가난한 사람들에게 나누어 주었답니다. 뿐만 아니라 리처드 왕의 자리를 빼앗은 존 왕을 혼내 주고 리처드 왕이 다시 왕의 자리에 오를 수 있게 도와 준 것으로 알려져 있지요.

그런 덕에 로빈 후드는 문학 작품에도 많이 소개되었고, 최근에는 영화로도 많이 만들어졌지요. 14세기 후반 '농부 피어스의 환상' 이라는 랭글랜드의 장편 시에 처음 소개되었고, 역사학자 윈턴이 쓴 〈스코틀랜드 연대기〉라는 책에서도 등장합니다.

◐ 로빈 후드가 활약했다는 셔우드 숲

 ## 교회의 문을 닫게 한 존 왕

사자왕 리처드는 누구에게나 사랑을 받은 훌륭한 사람이었지만, 그의 사촌 동생 존은 정반대였습니다. 그는 몹시 옹졸하고 비겁하며 잔인한 사람이었습니다. 존은 아더라고 하는 젊은 조카가 그 대신 왕이 될 것을 두려워하여 그를 살해했고, 왕이 되고 나서도 잔인무도한 짓을 많이 저질렀습니다. 또한 교황과도 사이가 나빠 툭하면 교황과 다투었는데, 교황이 사사건건 간섭하는 것이 귀찮다면서 교황의 명령을 거절했습니다.

결국 교황은 존 왕을 혼내 주기 위해서 영국의 모든 교회의 문을 닫도록 명령했습니다. 그러자 시민들이 존 왕에 대한 불만을 폭발시키며 비난했고 존 왕은 비겁하게 무릎을 꿇었습니다. 그러나 그는 일단 교황과 타협을 하고 난 이후에도, 계속 나쁜 짓만 했습니다.

참다 못한 신하들이 마침내 반란을 일으켜, 존 왕을 템즈 강 안에 있는 작은 섬에 가두어 버렸습니다. 신하들은 존 왕에게 그들이 작성한 문서를 내보이며 서명을 강요했습니다. 1215년의 일이었습니다. 존 왕이 마지못해 서명을 한 문서는 그 이름도 유명한 '마그나 카르타' 라 불려지는 중요한 문서였습니다.

소년 십자군이여, 배를 타면 큰일나요!

○ 항해하는 십자군

제4차 십자군 원정 때였습니다. 이번 원정의 주역은 나이 어린 소년들이었습니다. 이들은 소년 십자군이라고 불려졌습니다. 소년 십자군을 이끄는 최고 사령관은 스테판이라는 12살의 프랑스 소년이었습니다.

프랑스 전국의 많은 소년들이 십자군 병사로 지원을 해 왔습니다. 당시 그들의 부모가 이런 일을 쉽게 허락했다는 것이 믿어지지 않지만 말입니다. 이것은 역사가 증명하는 사실이니까 믿지 않을 수 없습니다.

소년 십자군은 어른들처럼 육지로 행군을 하지 않았습니다. 지중해로 향하는 전혀 엉뚱한 길을 택했지요. 이 순진한 소년들은 모세가 홍해 바다를 가르고 건넜던 사실을 떠올렸던 것입니다. 지중해에서도 역시 똑같은 기적이 일어날 것이라 생각했습니다. 그러나 지중해는 갈라지지 않았습니다.

이 때 소년들 앞에 친절한 뱃사람이 나타났습니다. 이들을 아라비아 해안까지 실어다 주겠다고 했지요. 소년들은 크게 기뻐하며 배에 올라탔습니다. 그런데 천만 뜻밖이었습니다.

이 뱃사람들은 무서운 해적이었습니다. 해적들은 소년들을 아프리카로 끌고 갔습니다. 그리고는 그 곳의 회교도들에게 모두 팔아 넘겨 버렸습니다. 용감한 소년 십자군의 병사들은 이렇게 해서 결국 노예 신세가 되고 말았습니다.

제1회부터 몰락까지의 십자군

십자군 운동을 제창한 우르바누스 2세는 제1회 십자군을 편성하면서 기사들이 위주가 되기를 원했습니다. 그러나 1회 십자군은 기사들만큼이나 농민들도 많았습니다. 1회 십자군은 곧 식량이 떨어져 약탈을 시작했고 결국 헝가리 부대와의 싸움에서 전멸하고 말았습니다. 이후 5만여 명이 출발한 정규 십자군은 시리아에서 1년 이상의 기간을 소비하였으나 결국 예루살렘에 입성하였고 이교도에 대한 증오심으로 처참한 유혈극을 벌이게 됩니다.

1144년 이슬람군에게 에데사를 빼앗기게 되자 출발한 것이 2회 십자군입니다. 하지만 이들은 이집트의 술탄 살라딘에게 예루살렘을 함락당했고 이에 다시 제3회 십자군이 파견되었습니다. 이 때 영국의 리처드 1세가 몇 개의 도시를 탈환하지만 결국 예루살렘을 탈환하지 못한 채 돌아오게 됩니다.

제4회 십자군 파견은 이노센트 3세 때 이루어졌습니다. 4회 십자군은 당시 혼란스러웠던 비잔틴 제국을 멸망시켰습니다. 그 이후에 역시 이노센트 3세에 의해 5

○ 십자군 전쟁의 한 모습

회 십자군이 파견되었습니다. 이 십자군은 다미에타까지 포위하는 데 성공하였으나 결국 이슬람군에게 격퇴당하고 말았습니다.

제6회 십자군은 신성로마제국의 황제 프리드리히 2세에 의해 제창되었으나 이슬람 문화에 경도된 그는 자발적으로 예루살렘과 다른 영토들을 양보받게 됩니다. 하지만 그가 돌아간 후 다시 예루살렘을 잃게 되었지요.

프랑스의 루이 9세가 이끈 제7회 십자군은 초반 기세는 맹렬했으나 결국 큰 이득을 얻지 못한 채 십자군 운동의 끝을 가져왔습니다.

초원의 황제 칭기즈 칸

몽고의 전 지역을 지배했던 칭기즈 칸은 동양의 거대한 땅에 적극적으로 정복 정책을 폈습니다. 철저한 제도 정비로 나라의 기틀을 닦은 칭기즈 칸은 서하와 금나라를 차례로 정복했고 중국 대륙과 중앙아시아까지 진출하여 정복 전쟁을 벌였습니다. 이어 서아시아의 중심인 호레즘까지 정복한 칭기즈 칸은 몽고 제국의 첫 번째 황제로서, 또 아시아 최고의 정복자로서 이름을 남긴 채 63세의 나이로 숨을 거두었습니다.

✅ **칸**

5세기 이후 몽골 유목국가들의 군주를 불렀던 말입니다. '선우'라는 칭호를 먼저 썼었으나 이 칭호가 남발되면서 가치가 떨어지자 '칸(Khan)'을 쓰기 시작했습니다.

🔻 칭기즈 칸

칭기즈 칸의 꿈

서양의 줄리우스 카이사르와 알렉산더 대왕보다 훨씬 더 용맹하고 위대한 정복자가 동양에 있었습니다. 그 사람의 이름은 칭기즈칸입니다. 그는 66년 생애를 통하여, 동서양의 크고 작은 40여 개 나라를 손아귀에 넣었습니다. 칭기즈 칸은 일찍이 알렉산더가 거느렸던 땅보다 훨씬 더 넓은 땅을 혼자서 호령했던 영웅이었지요.

칭기즈 칸의 소년 때 이름은 테무친이었습니다. 그는 서기 1167년의 겨울 어느 날, 차가운 들판의 한 천막 속에서 태어났습니다.

그의 아버지 에스게이는 몽고의 귀족으로 유목민의 부족을 거느리는 추장이었습니다. 그런데 이 무렵, 몽고는 부족들 사이에 분열이 일어났고 서로 권력을 잡기 위해 어지럽게 싸우고 있었습니다. 에스게이 역시 그런 추장들 가운데 한 사람이었습니다.

"에스게이의 힘이 너무 커진 거 같아. 힘을 키우기 전에 빨리 없애는 게 좋겠어."

타타르족은 용감하고 야심 큰 에스게이를 그냥 두지 않았습니다. 그렇게 어느 날, 에스게이는 타타르족에 의해 독살되고 말았습니다.

이후 테무친의 외롭고 고난에 찬 인생이 시작되었습니다. 그는 어린 나이에 부족을 이끌고 황량한 들판을 방랑하며 살아야만 했습니다.

'내 힘을 키워 아버지의 원수를 반드시 갚고 말겠다.'

그러던 차에 테무친은 아버지의 옛 친구를 만나게 되었습니다. 그의 이름은 도구룰루칸이었습니다.

"네가 정말 에스게이의 아들이란 말이냐? 그 동안 고생이 많았겠구나. 앞으로는 내가 너를 도와 주겠다."

✅ 위구르 문화

칭기즈 칸이 특히 관심을 두었던 위구르 문화는 투르크계 문화와 아리아계 문화의 독특한 결합이었습니다. 칭기즈 칸은 왕자들에게 이 문화를 배우게 하였으며 위구르 문자에서 몽고 문자와 만주 문자가 탄생하였습니다.

테무친은 도구룰루칸의 도움으로 아버지의 옛날 부하들을 다시 모아 세력을 확장할 수 있었습니다. 그리고 자다란부의 두령 자무카와의 싸움에서도 이길 수 있었습니다.

"이제 아버지의 원수를 갚을 수 있겠다. 오랫동안 기다려온 일이다."

이윽고 테무친은 자신을 따르는 군사들을 이끌고 아버지의 원수 타타르족을 향해 진격했습니다.

"타타르족은 내 아버지의 원수다. 타타르의 땅을 남김없이 휩쓸어 버려라! 이 곳을 우리의 땅으로 만들자."

결국 테무친은 아버지의 원수인 타타르족을 다른 부족들의 도움 없이 자신의 힘으로 전멸시켰습니다.

테무친이 대몽고 제국의 칭기즈 칸으로 이름을 떨치기 시작한 것은 그의 나이 40살 때였습니다.

'난 대몽고 제국의 첫 번째 황제이다. 나라와 백성을 안정시키기 위해선 우선 나라의 제도를 정비하는 일이 시급하다.'

어엿한 황제가 된 칭기즈 칸은 먼저 그런 생각으로 나라 안을 살폈습니다. 효과적으로 나라를 다스릴 방법을 생각한 칭기즈 칸은 곧 명령했습니다.

"몽고 전역에 십 호, 백 호, 천 호 제도를 확대하여 실시하도록 하여라."

또한 칭기즈 칸은 각 호의 우두머리에게 젊고 건장한 청년들을 뽑아 군사 훈련을 시키라 명했습니다. 이들 각 호의 우두머리는 십호장, 백호장, 천호장이라고 했습니다. 이것은 열 명, 백 명, 천 명의 군사를 지휘하는 대장이라는 뜻이었습니다.

'이제 언제든지 군사를 출동시킬 수 있는 조직을 갖추게 되었구나.'

칭기즈 칸은 자신의 명령 한 마디로 20만 명 이상의 대군을 출동시킬 수 있는 힘을 가지게 되었습니다. 칭기즈 칸은 또 몽고 전 지역에 걸쳐서 역전 제도를 완비했습니다.

"각 부락마다 발이 빠른 말을 준비해 두거라. 급한 일이 일어나면 신속하게 연락을 취할 수 있어야 한다."

이 제도가 실시된 이후로, 사막의 변두리나 산림 깊은 곳에서 일어난 자질구레한 사건이라도 바로 칭기즈 칸에게 알려졌습니다.

칭기즈 칸은 또 몽고 제국의 법전을 만들어, 강력한 대제국의 기초를 튼튼히 다졌습니다.

◑ 몽고군의 전투 모습

'나와 더불어 생사 고락을 함께 한 용맹스러운 백성들, 그 어떤 위기에서도 항상 나에게 충성을 다했던 나의 백성들, 나는 이들을 이 세상 모든 나라 백성들의 가장 윗자리에 앉힐 것이다.'

이것이 칭기즈 칸의 꿈이었습니다.

1207년, 칭기즈 칸은 시베리아의 타이가 숲 속에 사는 오이랏족을 정벌하여, 이들의 항복을 받았습니다.

그러자 시베리아 산림에 흩어져 살던 다른 여러 부족들도 칭기즈 칸에게 항복해 왔습니다.

'이제 몽고는 완전히 하나가 되었다. 더 넓은 곳을 찾아야 한다. 남쪽의 중국 대륙이 좋겠다.'

당시 중국은 송나라와 금나라, 서하 이렇게 세 나라로 크게 갈라져 있었습니다. 그런데 송나라를 치기 위해서는 먼저 그 길목에 가로 걸린 금나라를 쳐야 했습니다.

"금나라는 강국입니다. 우리 몽고국의 군대만으로는 역부족입니다."

"그래, 그럴 것이다. 그럼 서하 쪽을 먼저 치도록 하자."

그러나 서하의 탕구트족도 그렇게 만만한 상대는 아니었습니다. 서하의 수도 영하성을 포위한 뒤 몇 달이 지났지만, 성은 쉽게 함락되지 않았습니다. 탕구트족과 몽고군은 팽팽하게 맞서고 있었습니다.

'이걸 어떻게 하지. 오랜 시간을 끌면 불리해진다.'

초조해진 칭기즈 칸은 고심 끝에 한 가지 계략을 짜냈습니다.
"고양이를 구해 오도록 해라. 숫자는 많으면 많을수록 좋다."
칭기즈 칸의 명령에 따라 군사들이 움직였습니다. 수천 마리의 고양이가 모이자 칭기즈 칸은 고양이의 꼬리에 헝겊을 매달게 하였습니다.
"헝겊에 불을 붙이도록 하여라. 그리고 고양이를 적들의 성으로 보내라."
오래지 않아 성 안 여기저기에서 불길이 치솟았습니다.
"지금이다. 공격을 시작한다."
몽고군의 총공격이 시작되었습니다.
"저기를 봐라. 흰 기가 올라왔다. 서하에서 항복을 했다. 우리의 승리야!"
견디다 못한 서하의 왕은 마침내 성벽 위에 흰 기를 올리고 칭기즈 칸에게 항복하고 말았습니다. 서하가 몽고의 지배 하에 들어온 것입니다.

세계를 휩쓴 아시아의 폭풍

서하를 정복한 칭기즈 칸은 순서에 따라, 금나라를 치기로 했습니다. 1211년 3월, 그는 30만의 대군을 일으켰습니다. 금나라는 만주 벌판에서 중국 황하 이북땅을 지배하는 강력한 대제국이었습니다. 그리고 이 나라를 일으킨 여진족은, 원래부터 싸움을 즐기는 민족이었습니다.

'금나라는 만리장성까지 길게 가로막혀 있어서 공격하기가 쉽지 않겠어.'

금나라의 방어는 거의 빈틈이 없었습니다. 싸움에 있어서 자신만만하고 계속 승승장구하고 있는 몽고군으로서도 금나라는 결코 만만한 적이 아니었습니다.

할아버지의 수모를 반드시 갚겠어!

'그러나 금나라 정복을 포기할 수 없다. 할아버지의 수모를 반드시 갚아야 한다.'

칭기즈칸이 금나라에 이토록 원한과 집착을 보이는 이유는 칭기즈칸의 할아버지인 안바카이칸이 바로 금나라의 희종 황제에게 수모를 당하고 죽었기 때문이었습니다. 안바카이칸의 비통한 최후는 대대로 전해져 칭기즈칸에게 깊은 원한으로 맺혔습니다.

"만리장성 바깥쪽에 있는 온구트족과 연합 전선을 펴서 금나라를 압박해야겠다."

칭기즈칸은 우선 만리장성을 넘기 위한 전술을 폈습니다. 그들은 금나라의 요새인 만리장성을 눈앞에 두고 진지를 구축했습니다. 그러나 몽고군은 기병뿐인데다가 성을 공격하는 기술이 부족했습니다. 작은 성 하나를 빼앗는 데에도 2년씩이나 걸렸던 것입니다. 바로 이럴 즈음, 전혀 뜻하지 않았던 응원군이 칭기즈칸을 도왔습니다.

"우리는 몽고의 편이오."

금나라의 여진족에게 눌려 지내던 거란족들이 반란을 일으켜, 몽고군의 편을 들고 나선 것입니다. 이에 금나라는 완얀호쇼를 대장으로 삼아, 2만 명의 군사로 거란족을 토벌하게 했습니다.

"맹장 제배는 지금 당장 가서 거란을 돕도록 하여라."

칭기즈칸이 명하자 제배는 거란족과 힘을 합쳐서 단숨에 동경성을 함락시켜 버렸습니다.

"우리는 금나라의 수도인 중도성을 공격한다."

칭기즈칸은 대군을 휘몰아 금나라에게 거센 공격을 가했습니다. 칭기즈칸의 공격은 과연 강했습니다. 금나라는 자

○ 몽고의 병사

✓ **금나라**
여진족이 세운 중국의 왕조로 거란족이 세운 요의 지배를 받다가 12세기 초에 금을 세웠습니다. 4대 왕부터 송나라의 영향을 강하게 받기 시작한 금의 전성기를 이끈 임금은 5대 세종이었습니다. 하지만 몽골과 남송의 연합군으로 120년 만에 멸망하고 맙니다.

> **한국(汗國)**
>
> 칭기즈칸이 아들들에게 영토를 물려 준 후 훗날 이 영토들은 다양한 한국으로 발전하게 됩니다. 맏아들 주치가 다스렸던 영토는 킵차크한국이, 둘째 차가타이가 다스렸던 영토는 차가타이한국이, 셋째 오고타이가 다스렸던 영토는 오고타이한국이 됩니다.

○ 칭기즈 칸의 손자 쿠빌라이

신들이 매우 불리하다는 것을 깨달았습니다.

'성을 지키기 어렵겠어. 휴전을 요청하자.'

금나라의 황제 선종은 더 이상 성을 지키기 어렵다고 판단했습니다. 그래서 휴전을 요청했지요.

"좋소. 대신 우리의 조건을 모두 들어줘야겠소."

칭기즈칸은 금나라에 여러 가지 공물을 요구했습니다. 이에 따라 금나라는 화해를 하는 조건으로 많은 보물을 칭기즈칸에게 보내야 했습니다. 그러나 이것으로 전쟁이 완전히 끝난 것은 아니었습니다.

"몽고군은 물러갔느냐? 그렇다면 수도를 하남성으로 옮긴다. 이 곳은 황태자에게 맡기기로 하자."

이것이 화근이었습니다. 이 소식을 들은 칭기즈칸은 불같이 화가 나 다시 군대를 보내어 중도성을 빼앗아 버렸습니다. 이것은 1215년 여름의 일이었습니다. 이 때 칭기즈칸의 나이는 48세였습니다.

"장군 무라카이는 듣거라. 6만 명의 군사를 내어 줄 테니 중국 대륙을 치거라. 그리고 장군 제배는 중앙아시아의 카라키타이로 가거라. 가서 서아시아 정복의 발판을 다지거라. 우리 몽고족의 위상을 떨치고 오너라."

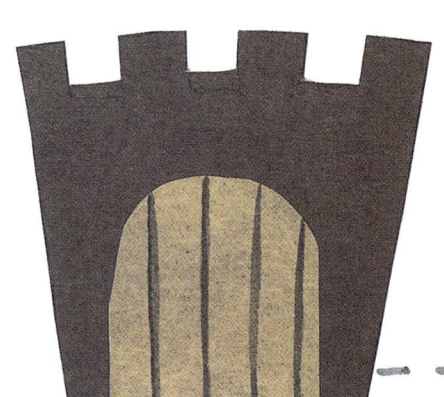

얼마 후, 제베로부터 카라키타이를 정복했다는 소식이 전해졌습니다. 이제 유럽으로 통하는 길목에 가로놓인 장애물은 호레즘뿐이었습니다. 이 나라에는 동서양의 문물을 교류시키는 역할을 담당했던 대상들이 많이 살고 있었습니다. 이에 아시아의 다른 나라들보다 특히 상업이 발달해 있었지요.

"내가 직접 호레즘을 치러 떠나겠다."

칭기즈칸은 몸소 군대를 이끌었습니다. 이것이 그에게 있어서는 몽고 대륙을 떠나 미지의 이슬람 땅으로 뛰어든 최초의 원정이었습니다.

"이번 원정에는 나의 아들들도 함께 참여하도록 해라."

큰아들 주치, 둘째아들 차가타이, 셋째아들 오고타이, 막내아들 툴루이 등 4명의 아들이 함께 했습니다. 몽고 제국의 쟁쟁한 장군들도 거의 참가했지요.

그들은 사막을 건너고 산을 넘고 또 강을 건너서 계속 서쪽으로 진격했습니다.

"여기서 멈추어라."

군대는 목초가 무성한 발카슈

○ 몽고 병사들의 투구

호반에 이르러 발을 멈추었습니다. 그리고는 총공격의 태세를 갖추었습니다. 호레즘의 대도시 부하라 성이 공격 3일 만에 몽고군의 말발굽에 짓눌렸습니다.

"차가타이와 오고타이 왕자님이 이끈 제1군대가 오타랄 성을 점령했다는 소식입니다."

"첫째 왕자님 주치가 이끈 제2군대가 시크나크 성을 점령하고 승전보를 알려왔습니다."

"타하이 장군이 거느리는 제3군에 의해 베나케트 성도 우리 손에 떨어졌습니다."

칭기즈칸의 군사들은 여러 곳에서 연전연승을 거두었고 곧 호레즘 정복을 앞두게 되었습니다.

이렇게 해서 1220년, 칭기즈칸은 호레즘의 최대 도시 사마르칸트에 입성할 수 있었습니다.

"칭기즈칸이 왔다고? 어서 빨리 도망가자."

서아시아를 호령했던 호레즘의 왕 무하마드는 맹렬히

진격해 들어오는 칭기즈 칸 부대의 소식을 듣고 카스피 해의 한 작은 섬으로 도망쳐 들어갔습니다. 그리고 그 곳에서 비참하게 피를 토하고 죽고 말았지요.

○ 사마르칸트

칭기즈칸은 쉬지 않고 호레즘의 패잔병을 추격했습니다. 그렇게 인도와의 국경 지대인 인더스 강까지 진군했지요. 그 때 칭기즈칸의 나이는 58세였습니다.

그로부터 5년 후인 1227년 8월 18일, 칭기즈칸은 파란만장한 영웅의 일생을 끝내게 됩니다.

"나의 영토를 왕자와 아우들에게 골고루 나눠 주겠다."

칭기즈칸은 평생 대륙을 떠돌며 정복한 두 대륙의 광대한 땅들을 자손에게 나누어 주며 눈을 감았습니다.

장남의 아들 바투에게는 남러시아 알타이 산의 북쪽을,

차가타이에게는 호레즘의 영토를,

오고타이에게는 서하와 금나라를,

그리고 막내 툴루이에게는 몽고의 모든 영토를…….

✓ **호레즘**

지금의 우즈베키스탄 서부에 있는 주이며 8세기에는 이슬람 문명화되었으나 13세기 몽골이 지배하게 되었고, 16세기 이후에 우즈베크족이 지배하게 되었습니다. 호레즘은 킵차크 고원과 중앙아시아를 연결하는 무역의 중심지로 이름높았던 곳이었습니다.

초원의 황제 칭기즈칸
저기요, 선생님! 이런게 궁금해요

 마르코 폴로의 『동방견문록』

칭기즈칸의 후손인 원나라의 쿠빌라이 황제 시대 때 일입니다. 먼 서양 땅 이탈리아로부터 푸른 눈과 흰 피부를 가진 손님 세 사람이 찾아왔습니다. 세 사람 중 한 사람이 소년 마르코 폴로였고, 두 사람은 소년의 아버지와 숙부였습니다.

마르코 폴로는 당시 열일곱 살이었습니다. 무역을 하는 아버지와 숙부를 따라 동쪽 나라를 처음으로 여행한 것입니다.

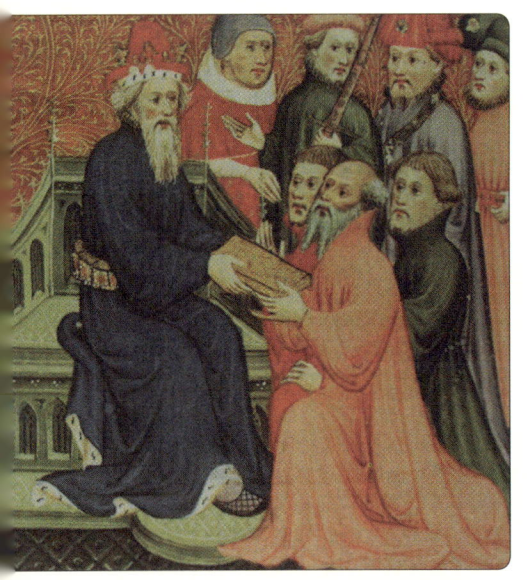

○ 마르코 폴로 일행에게 선물을 주는 쿠빌라이 황제

쿠빌라이 황제는 먼 나라에서 찾아온 흰 얼굴의 나그네들을 반갑게 맞이했습니다. 황제는 그들을 극진하게 대접하고는 서양에 관해 궁금한 것들을 물었습니다. 황제는 폴로 일가가 들려준 서양 세계의 신비한 일들이 흥미로웠습니다. 그래서 그들을 궁에 오래 머물게 하면서 친구로 대접했습니다.

마르코 폴로는 몽고 사람들이 입는 것과 똑같은 옷을 입고 몽고의 말을 빠르게 익혀 몽고말로 의사소통을 할 수 있었습니다. 마르코 폴로는 20년 동안을 몽고에서 살았습니다. 그는 서른일곱 살이 되어서야 황제로부터 값진 선물을 받아서 고향으로 떠났지요. 그러나 가족들과 친구들은 고향에 돌아온 폴로 일행을 알아보지 못했습니다. 폴로가 황제의 선물을 내보였을 때야 비로소 사람들은 폴로의 말을 믿었습니다.

폴로는 자신의 경험담을 책으로 써서 펴냈습니다. 바로 유명한 『동방견문록』입니다.

그의 책 속에는 코끼리를 문 채 하늘 높이 날아가는 큰 새 이야기, 수천 명의 사람들이 한꺼번에 둘러앉아 식사를 할 수 있는 거대한 식당에 관한 이야기 등 과장된 이야기가 많이 있습니다.

요술 바늘과 마법의 불?

마르코 폴로가 동방 여행에서 돌아오던 무렵 유럽 사람들 사이에는 신기한 얘깃거리가 떠돌고 있었습니다. 요술 바늘과 마법의 불에 관한 이야기가 그것이었습니다. 요술 바늘은 바로 나침반을 말하는 것이었고, 마법의 불은 화약을 말하는 것이었습니다. 사람들은 마르코 폴로가 이것을 중국에서 가지고 왔다고 믿었습니다. 사실이야 확인할 수 없지만 이것은 굉장한 사건이었습니다. 요술 바늘인 나침반은 사람들의 항해 기술을 발전시켰습니다. 또 신대륙을 찾아 내는 위대한 계기를 만들어 주었지요. 그러나 마법의 불인 화약은 사람들을 더 무섭고 끔찍한 전쟁의 지옥 속으로 몰아넣었습니다. 그 동안 전쟁에서 사용되던 무기는 활이나 칼, 창이 고작이었으니까요.

이제 기사들이 입고 있는 갑옷은 쓸모 없게 되었습니다. 금속덩어리인 갑옷이 총탄을 막을 수는 없었기 때문입니다.

흑사병이 돌았어요

백년전쟁의 시초가 되는 크레시 전투가 벌어졌습니다. 그리고 크레시 전투의 다음 해, 흑사병이라는 무서운 전염병이 전 유럽에 밀려들었습니다. 이것은 페리클레스 시대에 아테네를 엄습했던 것과 똑같은 전염병이었습니다. 오늘날처럼 의학이 발달한 시대에도 이 병은 아주 무서운 전염병의 하나로 알려지고 있습니다.

사람들은 도망칠 여유도 없이 이 무서운 흑사병에 전염되어 쓰러져 갔습니다. 그 때까지 있었던 어떤 전쟁에서보다 훨씬 많은 인명 피해를 겪었습니다. 사람들은 모두 절망했습니다. 하나님이 불이 아닌 무서운 전염병으로 최후의 심판을 하는 것이라고 생각했습니다. 그러나 그것이 최후는 아니었습니다. 2년 여에 걸쳐 유럽 전역을 휩쓸던 전염병이 물러가고, 사람들은 다시 죽음으로부터 일어났습니다. 흑사병이 휩쓸고 간 2년 동안 유럽의 인구의 절반이 줄어들었습니다.

○ 흑사병으로 죽어 가는 사람들의 모습을 그린 16세기의 그림

백년전쟁의 꽃, 잔 다르크

영국의 에드워드 3세는 프랑스 왕위를 탐내다가 결국 프랑스를 차지하기 위한 전쟁을 벌였습니다. 당시 프랑스 로렌 지방의 잔 다르크는 샤를 왕의 지원으로 군대를 일으켰습니다. 소녀 잔 다르크는 맹렬한 기세로 프랑스군을 승리로 이끌었지만 영국군에게 사로잡혀 마녀로 몰렸고 화형을 당했습니다. 이후 프랑스군은 영국군을 몰아내어 백년전쟁을 끝냈고 잔 다르크의 무죄도 증명했습니다.

흥! 웃겨!

내가 왕 할래!

1337년, 이 때 영국은 에드워드 3세가 다스리고 있었습니다. 그는 욕심이 많아서 영국 땅만으로 성이 차지 않았습니다.

그런데 마침 프랑스의 왕 샤를 4세는 후사가 없이 죽었습니다. 그러자 영국의 왕 에드워드 3세는 자신이 프랑스의 왕과 친척이라는 사실을 앞세워 프랑스 왕권에 대한 권리를 주장하고 나섰습니다. 바로 프랑스를 빼앗기 위한 생각에서였습니다.

"난 필립 4세의 외손자입니다. 그러니 프랑스의 왕이 된다고 해도 이상할 게 없지요. 다음 왕위를 나에게 주시오."
그러나 프랑스 왕실은 이런 말이 터무니없다며 일언지하에 거절했습니다.
"그 말은 받아들일 수 없습니다. 우리 프랑스는 모계 상속을 인정할 수 없어요."
이렇게 해서 프랑스의 다음 왕으로 필립 6세가 옹립되었습니다. 바로 이런 일이 빌미가 되어 에드워드 3세와 필립 6세는 플랑드르라는 땅을 놓고 다투게 되었습니다. 그리고 먼 훗날 이 싸움은 백년전쟁으로 이어졌습니다.
이 전쟁으로 프랑스는 위기에 몰리고 말았습니다. 어이없게도 프랑스에서는 농민들의 반란까지 일어났습니다. 프랑스는 점점 더 혼란에 빠졌고 왕권은 크게 약화되었지요.
영국은 이 때가 바로 내란과 외란으로 약해진 프랑스를 차지할 때라고 생각했습니다.
"지금이 기회다. 프랑스의 영토를 모두 손에 넣도록 하자. 난 영국의 왕인 동시에 프랑스의 왕이야."
왕의 명령에 따라 영국군은 프랑스 대부분의

> ✓ **플랑드르 지방**
> 벨기에 지방인 플랑드르는 영어로는 '플랜더스'라고도 불립니다. 북유럽, 지중해, 영국, 라인 지방을 잇는 이 지방은 일찍이 무역이 발달했고 모직공업으로 유명한 곳이었습니다. 전략상 중요한 요충지이기도 했습니다.

○ 백년전쟁

지역을 점령했습니다. 프랑스는 맥없이 당하고 말았지요.

바로 이 무렵이었습니다. 프랑스 로렌 지방의 작은 마을 동레미에는 잔이라는 소녀가 살았습니다. 잔 다르크에게는 오빠가 세 명 있었습니다. 그들은 모두 독실한 가톨릭 신자였습니다.

"잔, 오늘은 오빠들이 집을 비울 것 같구나. 대신 양을 좀 돌보거라."

잔은 집안일을 돕고 가축을 데리고 꼴을 먹이러 가기도 하였습니다. 잔 다르크는 다른 소녀들과 별다를 것 없는 소녀로 성장했습니다.

그러던 어느 날, 다른 날과 다름없이 양을 치고 있던 잔 다르크는 신비한 음성을 듣게 되었습니다.

"잔 다르크!"

목소리는 엄숙하고도 장엄했습니다. 잔은 잔뜩 긴장을 했지만 그것이 무섭다고 생각하지는 않았습니다.

"누구시죠? 저를 부른 게 누구세요?"

음성은 오른쪽에서 들려왔습니다. 잔 다르크는 음성을 따라갔습니다. 그녀는 그 음성이 천사의 소리라는 것을 알 수 있었습니다.

"난 성 미카엘이에요. 지금 프랑스가 위험한 지경에 빠져 있습니다. 잔은 반드시 프랑스에 가야 합니다. 그 곳에 가서 오를레앙의 점령군을 몰아

잔다르크~

내세요. 보쿨뢰르 성채의 사령관을 만나세요."
잔은 이것이 보잘것 없는 자신에게는 불가능한 일이라고
생각했습니다. 왜 자신이 선택되었는지도 알 수 없었습니다.
그러나 천사의 음성은 매일같이 찾아왔습니다.
"당신이 가지 않으면 프랑스는 위험합니다."
"전 보잘것 없는 양치기 소녀일 뿐인걸요. 말을 탈 줄도 모르고 전쟁을 할 줄도 몰라요. 제가 어떻게 그런 대단한 일을 할 수 있겠어요?"
"잔은 반드시 할 수 있습니다. 당신은 하느님의 계시를 받은 사람이에요. 프랑스를 구하세요."
천사의 말에 확신을 얻은 잔 다르크는 주위 사람들의 만류에도 불구하고 보쿨뢰르로 향했습니다. 이 때 그녀의 나이는 열여섯 살이었습니다.

이 무렵, 프랑스의 상황은 좋지 않았습니다. 당시 왕으로 있던 샤를 6세가 죽고, 샤를 7세가 왕위에 올랐습니다. 샤를 7세는 아직 정식으로 왕위에 오르지 못한 채 프랑스군을 이끌고 있었습니다. 그러나 전력이 약하고 단합이 되지 못했던 프랑스군은 갈수록 위기에 빠지고 있었습니다. 영국군이 오를레앙까지 포위하자 샤를 7세는

누구시죠?!

메~

고민에 빠졌습니다.

한편 잔은 사령관을 만나기 위해 갖은 애를 쓰고 있었습니다. 하루가 늦으면 늦을수록 조국 프랑스가 위험에 빠지는 것 같아 잔은 걱정이 되었습니다.

"전 사령관님을 꼭 만나야 해요. 신의 계시를 받았다고요. 왕세자를 즉위시켜야 해요."

잔은 간곡히 말했습니다. 하지만 병사들은 이 시골 처녀의 말을 들은 척도 하지 않았습니다.

"실컷 얻어맞고 쫓겨나기 전에 썩 돌아가. 사령관님은 그렇게 한가하지 않단 말이야."

그러나 잔은 포기하지 않았습니다. 계속해서 사령관을 만나러 찾아갔지요. 이런 노력으로 잔은 사령관 보드리쿠르를 만날 수 있었습니다.

"무슨 일로 날 만나자고 한 거지?"

"저를 샤를 왕께 데려다 주세요. 프랑스를 구하라는 하나님의 계시를 받았습니다."

잔은 사령관의 도움으로 몇몇의 군인들과 함께 프랑스로 향할 수 있었습니다. 그리고 왕에게 편지를 띄웠습니다.

'제가 전하께서 계시는 도시에 들어가도 되겠습니까? 전

✓ **오를레앙**

프랑스 루아르 강 북쪽에 있는 지역으로 498년 클로비스 왕이 이 곳에서 서프랑크 왕임을 선언했고 이후 파리와 더불어 서프랑크 왕국 최대의 도시가 되었습니다. 백년전쟁 때에 잔 다르크에 의해 해방된 오를레앙은 종교회의의 중요한 개최지이기도 했습니다.

하를 돕기 위해 150마일을 달려왔습니다. 제가 큰 도움을 드릴 수 있을 것입니다.'

잔은 샤를 7세를 만나기 위해 입성했습니다.

"조금만 기다리시오. 전하께서 당신을 만나는 일에 대해서는 좀더 논의가 필요하니까요."

하지만 단번에 왕을 만날 수 있는 것은 아니었습니다. 잔은 숙박할 곳에 여장을 풀고 왕과의 만남을 기다렸습니다. 궁에서는 잔 다르크를 만나기로 결정했습니다. 대신 한 가지 시험을 하기로 했습니다. 신하들 사이에 왕을 숨겨 놓기로 한 것이지요. 잔은 왕의 부름을 받고 드디어 궁에 도착했습니다.

"잔 다르크는 가까이 오도록 하여라."

가짜 왕이 잔을 불렀습니다.

그러나 잔은 그가 진짜 왕이 아니라는 것을 알았습니다. 그녀는 주위를 둘러보다가 사람들 사이에 숨어 있는 왕을 알아보고는 그 앞에 섰습니다.

"저는 양을 치는 처녀입니다. 하나님께서 보내셔서 여기 왔습니다. 제가 전하와

✓ 백년전쟁의 결과

서로에게 큰 피해를 입혔던 영국과 프랑스의 백년전쟁은 우선 프랑스의 왕권 강화를 가져왔습니다.
영국도 역시 왕권 강화를 가져오게 되었는데 이는 뒤이은 장미전쟁으로 귀족들이 서로 무너지는 결과로 인한 것이기도 했습니다. 또한 플랑드르 지방에서 영국으로 기술자들이 대거 이동함으로써 영국의 경제적 발전도 이루어졌습니다.

프랑스 왕국을 도우려 합니다."

왕과 신하들은 깜짝 놀랐습니다. 그리고 그녀가 틀림없이 신의 계시를 받았다고 생각하기 시작했습니다.

"좋다. 너를 믿고 오를레앙으로 보내도록 하겠다. 부디 프랑스를 구해 다오."

왕은 잔을 무장시키고 그녀에게 수행 병력을 주었습니다. 잔의 자신감 넘치는 모습은 지친 병사들에게 큰 힘이 되었고 그들의 사기는 높아졌습니다.

"오를레앙은 반드시 해방될 거예요."

잔은 군대를 이끌고 오를레앙에 입성했습니다.

"잔 다르크를 보면 우리가 승리할 수 있을 것 같아."

사람들은 잔 다르크를 보기 위해 모여들었습니다. 그녀가 탄 말의 발굽을 만져 보려 한 이도 있었습니다.

이런 잔에 대한 소문은 영국군의 귀에도 들어갔습니다. 그러나 영국군은 잔을 무시하고 업신여겼습니다.

"외양간 아가씨가 무슨 힘이 있다고 저렇게 날뛰는 거야?"

"맞아. 너무 건방지잖아."

잔은 영국군을 몰아 내기

> 힘을 내서 싸워요!

위해 전투에 참가했습니다. 그런데 정말 신이 잔 다르크를 돌봐 주는 것일까? 매번 영국군에게 지기만 했던 프랑스 군은 놀랍게도 시원한 승리를 거둘 수 있었습니다.

'잔은 정말 하나님이 보낸 천사 같아. 그녀가 있는 한 우리는 지지 않을 거야.'

오를레앙 시의 주민들은 그녀에게 감탄했습니다. 또한 칭찬을 멈추지 않았습니다. 그러나 사령관들이 잔을 바라보는 시선은 곱지 않았습니다.

'우리는 오랜 시간 전쟁터에서 보낸 사람이야. 겨우 양치기 처녀 따위의 지휘를 받자고 군인이 된 게 아니야.'

그런 중에도 잔은 늘 선봉에서 병사들을 이끌었습니다.

"조금만 더 힘을 내세요. 하나님이 우리를 도우십니다."

◐ 잔 다르크 동상

어느 날엔 이런 일도 있었습니다. 그 날도 앞장서서 군대를 이끌고 있던 잔은 비명을 지르며 그만 앞으로 고꾸라지고 말았습니다.

"잔 다르크가 어깨에 화살을 맞았다. 희망의 불씨가 꺼졌어. 우리는 이제 질지도 몰라. 이 일을 어떻게 한담."
군인들은 술렁이기 시작했습니다. 잔의 부상으로 거침없던 프랑스의 공격이 주춤해졌습니다.

"난 괜찮아요. 다들 힘을 내서 싸워요."

잔은 휘장을 들고 벌떡 일어났습니다. 지친 병사들은 이런 잔의 모습에 다시 힘을 얻고 열심히 싸웠습니다. 싸움의 결과는 프랑스군의 승리였습니다. 이제는 사령관들도 잔을 제대로 대접하기 시작했습니다.

"잔 다르크는 하늘에서 보낸 사람이 틀림없어."

사람들은 잔이 돌아오자 크게 환호하며 반겼습니다. 왕 역시 잔의 이런 소식을 전해 들었습니다. 왕은 대관식을 앞두고 있었습니다.

"잔 다르크, 너의 공이 크구나."

모든 것이 잔의 공이다!

왕은 잔을 불러 말했습니다. 잔은 왕에게 깊이 머리 숙이며 절을 했습니다. 그리고 급히 부탁했습니다.

"대관식을 지체하시지 말고 서둘러 랭스로 떠나십시오."

"아직 여유가 있지 않느냐? 그리고 신하들과 얘기도 끝나지 않았다. 왜 그렇게 서둘러야 하느냐?"

"신의 음성을 들었습니다. 신께서 돕겠다고 약속하셨습니다. 서둘러 주십시오."

화형당하는 잔 다르크(기록화)

그러나 신하들은 지금 루아르 강에 있는 영국군부터 쫓아 내야 한다고 주장했습니다. 결국 왕은 잔의 의견을 따르지 못했습니다. 다시 싸움이 시작되었습니다.

"지금 공격을 시작하라."

그러나 사령관의 명령에 프랑스군이 주춤했습니다. 그 때 잔이 병사들 앞에 나섰습니다.

"두려워하지 마세요. 하나님은 우리와 함께 하십니다."

공격은 시작되었습니다. 잔은 군사들을 격려했습니다.

"저 여자 때문에 우리 영국군이 지는 거야. 정말 보기만 해도 힘이 빠진다니까."

이번 싸움도 프랑스군의 승리였습니다. 프랑스는 점차 오를레앙 지역을 되찾았습니다.

사령관들은 이럴 때 계속해서 영국군을 공격해야 한다고 말했습니다. 그러나 잔은 고개를 저었습니다.

"안 됩니다. 랭스로 가야 합니다. 폐하께서 정식으로 즉위를 하시면 적의 힘이 더 약해질 것입니다."

잔의 단호한 말에 샤를 7세는 고개를 끄덕였습니다.

"이번에는 잔의 말을 따르도록 하겠

소. 아무도 이의를 제기하지 마시오."
이윽고 왕은 노트르담 성당에서 대관식을 치렀습니다.
'드디어 나의 머리에 왕관이 얹혀지는구나. 떳떳한 왕의 자격을 갖추었다. 이 모든 것은 잔 다르크의 공이다.'
잔은 대관식 내내 깃발을 들고 제단 옆에 서 있었습니다.
"이 모든 것이 하나님의 뜻이었습니다. 이제 전하가 프랑스의 진정한 왕이라는 것이 분명해졌습니다."
그러나 잔도 모르는 사이에 프랑스와 영국 사이에 위험한 협상이 벌어지고 있었습니다. 영국의 제후는 왕이 14일간 무장해제를 하면 파리를 넘겨 주겠다고 약속한 것입니다. 샤를 7세는 의심도 하지 않고 이 제안을 받아 들였습니다. 이 사실을 뒤늦게 안 잔은 크게 화를 냈습니다.
"그런 말도 안 되는 협상을 하다니요. 우리의 힘으로 빨리 프랑스의 수도를 찾아야 합니다."
잔은 간곡하게 왕을 설득했습니다. 왕은 고심 끝에 허락했고 잔은 다시 군대를 일으켜 북프랑스로 향했습니다.
1430년 5월 23일, 영국과 프랑스 사이에 콩피에뉴 전투가 시작되었습니다.

> **대관식**
> 유럽 국가들의 국왕이 왕관을 머리에 얹어 왕이 되었음을 알리는 의식입니다. 영국의 에그버트 왕에게 성직자가 투구를 얹은 의식이 대관식의 가장 오래된 기록으로 알려져 있으며 칼 대제도 교황으로부터 왕관을 받았습니다. 성직자에 의해 대관되는 경우, 국왕 스스로 대관하는 경우, 선왕이 새로운 국왕에게 대관하는 경우 등이 있습니다.

◎ 잔 다르크

"프랑스군은 나를 따르라."

잔은 필사적으로 싸웠습니다. 그런데 적의 병사 하나가 잔의 웃옷을 잡아당겨 말에서 떨어지고 말았습니다. 잔은 영국군에게 사로잡혔습니다.

"잡았다. 이제 다 끝났어. 마녀를 잡았어."

잔은 곧 노르망디의 루앙에 보내졌습니다. 그녀는 종교 재판에 회부되었습니다.

"나는 하나님의 뜻에 따랐을 뿐이에요."

잔은 담담한 말투로 종교 재판관에게 대답했습니다. 하지만 그 누구도 그 말을 믿지 않았습니다.

"너 같이 어린 소녀가 어떻게 그런 활약을 할 수 있단 말이냐. 넌 분명 마녀야. 그게 아니라면 증거를 대 봐라."

"지금 당신은 엄청난 죄를 짓고 있는 것입니다. 나의 말을 믿어 주세요. 난 하나님의 뜻에 따라……."

"그 입 다물어라. 넌 마녀야. 너 같은 여자는 당장 화형에 처해야 한다."

잔은 결국 화형 판결을 받았습니다. 1431년 5월 30일, 잔은 사람들 앞에서 화형을 당하기 위해 루앙의 중앙 광장에 끌려 나왔습니다.
'잔이 정말로 마녀일까? 그렇게 보이지는 않는데…….'
광장에는 잔을 보기 위해 많은 사람들이 모여 있었습니다. 잔은 화형틀에 올랐습니다.

"죽기 전에 부탁이 있어요. 내가 죽을 때까지 눈앞에 십자가를 치켜들어 주세요."

장작에 불이 붙기 시작했습니다. 잔은 어느 영국 병사가 나무토막으로 만들어 준 십자가를 가슴에 얹고는 불길과 함께 사라졌습니다. 이 때 그녀의 나이 19세였습니다.

프랑스에도 잔의 죽음이 전해졌습니다. 왕은 그녀를 구해 주지 못한 것을 크게 슬퍼했습니다.

"잔의 죽음을 헛되게 해서는 안 됩니다. 모두의 마음을 하나로 모아서 영국군을 쳐부숴야 합니다."

얼마 가지 않아서 프랑스군은 영국군을 모두 몰아 낼 수 있었습니다. 이렇게 해서 백년전쟁이 끝났습니다. 바로 1453년의 일이었습니다.

"잔은 죄가 없다. 프랑스를 위해 목숨을 바친 잔의 명예를 되찾아 줘야 한다. 다시 재판을 연다."

샤를 7세는 재판을 다시 하여 잔이 마녀가 아니며 프랑스의 애국자이자 충실한 기독교인임을 증명했습니다.

✓ 마녀와 화형

십자군 원정 실패 후 교회는 사회 불안을 종식시키기 위해 이단이라고 생각되는 신앙을 본격적으로 공격했습니다. 이에 마녀 또한 이들의 표적이 되었는데 마녀로 판명된 사람은 기둥에 묶어 태워 죽였습니다. 로마 시대 그리스도교를 박해할 때와 유럽에서 마녀재판을 할 때 사용하던 형벌이 바로 화형이었습니다.

✓ 이단

어떠한 종교에서 그 종교의 교리와 큰 차이를 보이는 견해에 대해 그 종교가 일컫는 호칭입니다. 특히 중세의 교회에서 이단을 널리 심문하곤 했습니다. 하지만 종교의 자유가 일반화된 현대에는 희미해진 개념입니다.

 백년전쟁의 꽃, 잔 다르크

저기요, 선생님! 이런게 궁금해요

영국군의 신무기

도버 해협을 건너 상륙한 영국 군대의 병사들은 평민 출신의 초라한 보병이었습니다. 이에 맞서는 프랑스 군대의 병사들은 상류 계급 출신의 그럴 듯한 기사들이었습니다.

그들은 육중한 투구와 근사한 갑옷으로 몸을 감싼 채 대부분 말을 타고 싸웠습니다. 프랑스군의 기사들은 영국군을 깔보면서, 잔뜩 자만심에 부풀어 있었습니다. 그러나 이것은 큰 오산이었지요. 영국군에게는 신무기가 있었습니다. 바로 대포라는 무기였습니다. 이따금씩 쏘아 대는 영국군의 대포는 참으로 위력적인 것이었습니다.

대포를 쏘면 말짱하게 갠 하늘에서 천둥과 번개가 치는 것 같았습니다. 물론 이 때의 대포가 적에게 치명상을 입힐 만큼 성능이 좋은 것은 아니었습니다. 그러나 대포라는 무기를 처음 구경하는 프랑스 기사들로서는 소리만으로도 기겁할 노릇이었지요.

영국군은 간단하게 프랑스를 이겼습니다. 그리고 흑사병이 전 유럽에 돌았고 2년 후 전염병이 물러갔습니다. 그러자 다시 백년전쟁이 시작되었습니다. 싸움터는 여전히 프랑스였고 전세는 여전히 프랑스 쪽이 불리했습니다.

지중해의 개구리가 눈을 떴어요

1440년 이전까지만 하더라도, 서양에는 활자로 인쇄하여 펴낸 책은 단 한 권도 없었습니다. 그런데 1400년대에 구텐베르크라고 하는 한 독일 사람이 서양에서는 최초로 활자를 발명했습니다. 글자의 모양을 조각하여 만든 판 위에 잉크를 칠하고, 거기에 종이나 천을 덮어 눌러 책을 만들어 내는 방법이었지요.

구텐베르크

이것은 우리 나라보다 약 200년쯤 뒤떨어진 기술이었습니다. 우리는 이미 1200년대에, 금속활자를 발명하여 실제로 사용하고 있었으니 말입니다. 훨씬 더 과학적인 방법이었지요.

어떻든 간에 이 활자의 발명은 서양 사회를 급속하게 변화시키는 중요한 역할을 했습니다. 시집이 나오고 철학자들의 글이 엮어져 나왔습니다. 호메로스의 『일리아스』가 책으로 나오고, 헤로도투스의 『역사』가 책으로 엮어져 사람들에게 보급되었습니다. 마르코 폴로의 책도 나왔지요. 지중해의 개구리 같던 유럽 사람들의 눈이 크게 열렸습니다. 그들이 상상하지 못했던 또 다른 세계의 정경들이 책 속에 펼쳐져 있음을 확인했습니다.

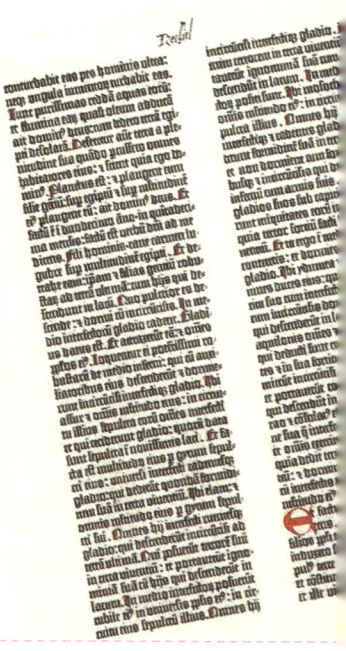

○ 구텐베르크 활자로 찍은 성서

장미전쟁이란 무엇인가요?

백년전쟁과 장미전쟁을 혼동하는 사람들이 생각보다 많습니다. 앞서 보았던 백년전쟁이 프랑스의 왕위와 노르망디 땅을 노리는 영국과 프랑스 사이의 전쟁이라면 장미전쟁은 30년전쟁으로도 불리며 1455년에서 1485년 사이에 영국에서 일어났던 내란입니다.

리처드 2세로부터 왕위를 찬탈한 헨리 4세의 랭커스터 왕조를 못마땅히 여긴 요크가와 랭커스터 왕조의 싸움인 장미전쟁의 이름은 랭커스터 왕조가 붉은 장미, 요크가가 흰 장미를 표식으로 내세운 것에서 유래한 것입니다.

에드워드 4세와 헨리 6세의 세력 다툼이 엎치락뒤치락했던 가운데 결국 에드워드 4세가 바닛 전투에서 승리를 거둠으로써 랭커스터 왕조는 결국 멸망하고 말았습니다.

하지만 이후 랭커스 헨리 튜더가 1485년 리처드 3세에게 승리를 거둠으로써 장미전쟁은 끝났고 헨리 튜더는 헨리 7세로 즉위하여 튜더 왕조를 열었습니다.

○ 장미전쟁의 무대가 되었던 굿 리치 캐슬